AF313973

PROGRAMME

DE LA SECONDE PARTIE

D'UN

COURS DE DROIT ROMAIN

2.ᵉ *Livraison*,

CONTENANT

L'EXPOSÉ HISTORIQUE DES PRINCIPALES RÈGLES DU DROIT ROMAIN, RELATIVES :

1° AUX HÉRÉDITÉS *ab intestat* DEPUIS LA LOI DES XII TABLES JUSQUES ET Y COMPRIS LE DROIT DES NOVELLES 118 ET 127 DE JUSTINIEN ;
2° AUX POSSESSIONS DE BIENS ;
3° A L'USUCAPION ET AUX DONATIONS ;
4° AUX MANIÈRES D'ACQUÉRIR PAR LE MINISTÈRE DES ESCLAVES ET DES FILS DE FAMILLE ;
5° ET ENFIN, AUX DIVERS ATTRIBUTS DE LA PROPRIÉTÉ ET AUX SERVITUDES RÉELLES ET PERSONNELLES ;

MATIÈRES TRAITÉES DANS LES TITRES 3, 4, 5, 6, 7, 8 ET 9 DU LIVRE II ET DANS LES
13 PREMIERS TITRES DU LIVRE III DES INSTITUTES DE JUSTINIEN.

PAR M. BENECH,

AVOCAT A LA COUR ROYALE, PROFESSEUR DE DROIT ROMAIN
A LA FACULTÉ DE DROIT DE TOULOUSE.

TOULOUSE,

IMPRIMERIE DE Pʰᵉ MONTAUBIN,
PETITE RUE SAINT-ROME, N° 1.

1836.

INTRODUCTION

A la 2ᵉ Livraison de la seconde Partie d'un Cours de Droit Romain.

Les Observations Préliminaires de la première Livraison de la seconde partie du Cours font connaître le plan général du Programme. On y voit que nous avons divisé les quatre Livres des Institutes de Justinien en deux parties : la première embrasse le droit qui régit les personnes (*personas*) ; la seconde, le droit qui régit les choses (*res*).

A la première se rapportent tous les textes du premier Livre des Institutes ; à la seconde, les textes des trois autres Livres.

La seconde partie a reçu deux grandes subdivisions. L'une traite de la manière d'acquérir la propriété des choses (ou le *jus in re*).

L'autre, des manières d'acquérir un droit à cette propriété (*jus ad rem*) *.

L'introduction à la même Livraison renferme encore l'énonciation de la méthode à suivre pour l'explication des principes relatifs à la première subdivision, c'est-à-dire, aux théories du Droit qui concernent le *jus in re*. Nous y avons indiqué que cette première subdivision se décomposerait à son tour en six parties qui seraient consacrées à l'examen :

La première, de la division des choses résultant soit de leur nature, soit de leurs rapports avec le droit de propriété, soit de certaines distinctions arbitraires créées par le Droit Civil ;

La seconde, des manières d'acquérir la propriété des choses d'après le Droit des Gens ;

La troisième, des diverses manières d'acquérir cette propriété *per universitatem* ;

La quatrième, des modes d'acquisition *singularum rerum* ;

---

* En indiquant cette grande division qui domine les trois derniers Livres des Institutes de Justinien, nous avons averti nos lecteurs que nous n'entendions pas l'accepter sans certaines modifications qui seront précisées dans une Livraison prochaine.

La cinquième, des personnes par le ministère desquelles la propriété est acquise ;

La sixième enfin, des attributs de la propriété, etc., etc.

Déjà dans cette première Livraison, nous avons épuisé la première et la seconde partie de cette classification ; nous y avons traité encore de l'hérédité *testamentaire* considérée comme un des quatre modes d'acquisition *per universitatem*.

Il ne nous reste donc plus, pour continuer et compléter l'exécution du plan relatif à la première subdivision, qu'à parler ici de l'hérédité *ab intestat*, des possessions de biens et des autres manières d'acquérir *per universitatem*, et successivement des textes qui se réfèrent aux quatrième, cinquième et sixième parties.

Une troisième et dernière Livraison embrassera toutes les matières qui rentrent dans la seconde subdivision, c'est-à-dire, les Obligations et les Actions.

<hr>

INSTITUTES DE JUSTINIEN.

LIVRE TROISIÈME,

TITRE 1er ET SUIVANS, JUSQUES ET Y COMPRIS LE 13e;

ET LIVRE SECOND,

TITRES 3, 4, 5, 6, 7, 8 ET 9.

Suite de la Troisième Partie de la première Subdivision.

Des manières d'acquérir la propriété des choses per universitatem.

Cette troisième partie a été divisée en quatre titres, savoir: Titre 1er, de l'Hérédité; Titre 2, de la Possession de Biens; Titre 3, de l'Adrogation; Titre 4, de l'addictio bonorum libertatum conservandarum causa.

TITRE 1er

De l'Hérédité.

Ce titre a été encore subdivisé en deux Chapitres consacrés l'un à l'hérédité testamentaire, l'autre à l'hérédité *ab intestat.*

CHAPITRE 1er

De l'Hérédité Testamentaire.

Cette matière a été traitée en entier dans la première livraison de la deuxième partie.

CHAPITRE 2.

De l'Hérédité ab intestat.

L'hérédité *ab intestat* étant déférée tantôt par le Droit Civil, tantôt par le Droit Prétorien, ce chapitre sera naturellement subdivisé en deux sections; la première traitera de l'hérédité *ab intestat*, d'après le Droit-Civil; la seconde, de l'hérédité *ab intestat*, d'après le Droit Prétorien.

Section 1re.

De l'hérédité ab intestat, *d'après le Droit Civil.*

Avant d'entrer dans l'examen des règles particulières à l'hérédité *ab intestat* déférée par le droit civil, nous avons jugé convenable d'exposer sommairement quelques principes préliminaires de nature à favoriser l'intelligence d'une des parties les plus intéressantes de la Jurisprudence romaine, puisque, chez tous les peuples, c'est dans le droit de succession que se reflètent avec le plus de fidélité, et les mœurs nationales et la constitution politique.

Ces principes se rapporteront, 1° à l'énumération des divers cas dans lesquels un citoyen romain décède *intestat*; 2° aux conditions requises du chef du défunt pour qu'il puisse avoir des héritiers, et du chef des héritiers pour qu'ils soient aptes à recueillir l'hérédité; 3° à l'organisation de la famille chez les Romains.

I. — *Des divers cas dans lesquels un citoyen romain décède* INTESTAT. — Un membre de la cité décède *intestat*, 1° *nécessairement*, lorsqu'il se trouve incapable de faire un testament valable. (Sentences de Paul, tit. VIII. de intest. success., § 1er). 2° *Par l'effet de sa volonté*; lorsqu'il n'a pas usé du droit de faire un testament, ou lorsqu'après avoir testé, il a brisé lui-même les tablettes, le parchemin ou le papier dépositaires de ses dernières volontés (*ibid*). 3° *Par des événemens indépendans de sa volonté*; lorsque le testament qu'il a fait se trouve vicié par une nullité provenant de l'absence d'une des conditions ou formalités requises pour la validité ou solennité extrinsèque ou intrinsèque des testamens en général, soit lorsque son testament, régulier dès son origine, a été rompu plus tard par l'agnation ou la quasi-agnation d'un héritier sien posthume ou quasi-posthume, on est devenu inutile par un accident qui a affecté la capacité du testateur, soit enfin lorsque les héritiers institués n'ont pu ou n'ont voulu accepter l'hérédité qui leur avait été déférée.

Le *proémium* du tit. 1ᵉʳ du livre 3 des Instituts de Justinien *de hœredit. quœ ab intest. deferuntur*, résume avec assez d'exactitude l'ensemble de cette théorie, en disant : *Intestatus decedit, qui aut omninò testamentum non fecit, aut non jure fecit, aut id quod fecerit ruptam irritamve factum est, aut si ex eo nemo hœres extiterit.*

Dans tous les cas dont l'énumération précède, le père de famille décédant *intestat*, les lois devaient s'occuper de désigner d'avance les personnes qui seraient appelées à recueillir son hérédité. Tel est l'objet des dispositions du Droit romain, relatives aux successions *ab intestat.*

II. — *Des conditions requises du chef du défunt pour qu'il puisse avoir des héritiers, et du chef des héritiers pour qu'ils soient habiles à recueillir l'hérédité* AB INTESTAT. — Lorsque nous avons parlé des conditions requises pour la validité des testamens en général, nous avons reconnu que la faction du testament n'était accordée qu'aux citoyens romains. Pour avoir des héritiers légitimes, il fallait de même jouir du droit de *cité*. On en déduit naturellement que les étrangers, *peregrini*, et les citoyens romains qui avaient perdu ce titre, et généralement tous ceux qui en étaient privés à l'époque de leur mort (sauf *les fictions* destinées à paralyser les effets trop rigoureux de la réalité), ne pourraient avoir des héritiers légitimes. La succession ou le patrimoine des étrangers étaient dévolus aux personnes appelées à les recueillir par le droit qui leur était propre. Quant aux biens délaissés par les autres, le fisc finit par se les approprier (*Justin.*, *Instit.*, *ibid.*, § 5).

Le droit de recueillir une hérédité était aussi exclusivement attribué aux membres de la cité romaine, ainsi que l'atteste le jurisconsulte Paul dans ses sentences, tit. 10, *ad Senatus cons. Orphit.*, §§ 2 et 3.

La qualité de père de famille fut encore long-temps une des conditions requises sous le double rapport dont nous nous occupons. En effet, jusqu'au règne des empereurs Léon et Anthémius, les divers pécules successivement attribués aux fils de famille étaient dévolus, lorsque ceux-ci décédaient *intestat*, aux ascendans sous l'autorité desquels ils se trouvaient placés, *non jure successionis, sed jure peculii.*

D'un autre côté , avant les modifications apportées à l'ancien droit , notamment par le sénatus-consulte Orphitien , les fils de famille étaient aussi privés du droit de recueillir une succession *ab intestat* , car d'après l'économie de la loi des XII tables ils se trouvaient toujours exclus par leurs ascendans qui se trouvaient nécessairement unis au défunt par un degré de parenté plus rapproché que celui de leurs descendans. On peut remarquer encore que, pas des dispositions toutes spéciales, les Vestales ne pouvaient pas hériter d'un parent décédé *intestat* ; que la portion qui devait naturellement leur échoir était dévolue au trésor public, et qu'il en était de même des biens des vestales mortes sans avoir fait de testament. *

III. — *De l'organisation de la famille chez les Romains.* — Si l'hérédité *ab intestat* était du droit civil dans le sens que nous venons d'indiquer , il faut admettre aussi qu'elle était une dépendance des droits de famille. Il est donc indispensable de connaître l'organisation de la famille romaine. Consultons à cet égard les monumens historiques, interrogeons surtout le jurisconsulte Ulpien qui en précisant dans la loi 195 , ff. *de verb. signif.* les diverses acceptions du mot *familia* , pose les bases principales de la constitution domestique. L'analyse de cette loi prouve que les Romains distinguaient deux espèces de famille, la *famille civile* ou la famille proprement dite ** et la *famille naturelle.* La première se composait de l'ensemble des personnes réunies sous la puissance d'un même ascendant. Pendant la vie de ce dernier tous ses descendans par les mâles , étaient soumis de plein droit à sa puissance et faisaient partie de la famille. Il n'en était pas de même de ses descendans par les femmes ; car les enfans , on le sait , ne font jamais partie de la famille de leur mère, mais bien de la famille de leur père. — *Feminarum liberos in familia earum non esse palam est , qoia qui nascuntur patris non matris familiam sequuntur* , dit le jurisconsulte Gaïus dans la loi 196 , ff. *ibid.*

Puisque les enfans restent étrangers à la famille de leur mère pour appartenir exclusivement à la famille de leur

* Terrasson , d'après Aulugelle , Histoire de la jurisprudence romaine.

** Le mot *famille* , employé sans autre désignation s'entend toujours de la famille *civile*.

père, le lien de puissance ne peut donc embrasser que des descendans unis entr'eux par des personnes du sexe masculin. Ils sont tous agnats, à quelque sexe qu'ils appartiennent d'ailleurs, d'abord vis-à-vis de l'ascendant et ensuite les uns vis-à-vis des autres. *Sunt* AGNATI *per virilis sexûs personas cognatione juncti, quasi à patre cognati* (Gaï., Inst., comment. 1er, § 156, et Just. Inst., tit. 2 de leg. agn. succ., § 1er.

La femme qui était tombée *in manu mariti*, les adoptés ou les adrogés passant par l'effet de la *manus* de l'adoption ou de l'adrogation sous la puissance du mari ou de l'adoptant, devenaient agnats d'abord vis-à-vis de ceux-ci et vis-à-vis de tous ceux qui au moment où ils entraient dans la famille en faisaient partie (*Just., Inst. de leg. agnat. succ.*, tit. 2, § 2), Gaïus, c. 3, § 3.

Après la mort du chef de la famille tous les descendans qui s'y trouvaient placés au premier degré, deviennent à leur tour pères de famille et chefs d'une maison nouvelle. La famille primitive se décompose alors en plusieurs familles différentes; mais toutes ces familles particulières n'en constituent pas moins une seule et même famille, fictivement formée de tous les membres qui ont été un jour placés sous la puissance de son ancien chef, et qui s'y trouveraient encore si ce chef avait vécu plus long-temps; ils continuent d'être agnats les uns vis-à-vis des autres et conservent tous leurs droits respectifs. La famille *civile* des Romains n'est donc formée que par les agnats, c'est-à-dire par tous ceux qui, unis entr'eux par des personnes du sexe masculin, sont actuellement soumis aux lois d'un même ascendant ou qui s'y trouveraient encore soumis, si l'ascendant avait survécu. Ainsi les liens du sang étaient insuffisans pour donner le droit d'agnation, et le titre de membre de la famille reposait sur le lien d'agnation qui, à son tour, n'était formé que par le lien de puissance. *Jure proprio familiam dicimus plures personas quæ sunt sub unius potestate aut natura aut jure subjectæ.... Communi jure familiam dicimus omnium agnatorum* (L. 195, *ibid.*).

La famille *naturelle*, au contraire, se compose de tous ceux qui, descendant d'un même auteur, ne sont unis entr'eux que par des personnes du sexe féminin. *Item appellatur familia plurium personarum quæ ab ejusdem ultimi genitoris sanguine proficiscuntur*, Ibid., § 4. Les membres de cette famille prennent le nom de *cognats, cognati sunt, qui per feminas conjunguntur, quasi ex una nati,* aut ut *Labeo ait* , *quasi nascendi commune initium habue-rint* (*L.* 1er, § 1er, ff. *unde cognati*). Ainsi la mère et les enfans sont cognats les uns par rapport aux autres ; il en est de même des parens maternels.

Les rapports d'agnation sont purement *civils*, les rapports de cognation purement *naturels* ; l'agnation est la parenté légitime. *Vocantur agnati qui legitima cognatione juncti sunt ; legitima autem cognatio est ea quæ per virilis sexus personas conjungitur* (*Gaï. Inst, comm.* 3 , § 9).

Il y a entre les agnats et les cognats la même différence qu'entre le genre et l'espèce ; celui qui est agnat, est également cognat, ce qui n'est pas réciproque. Toutefois lorsqu'il s'agit d'une agnation purement civile, par exemple, de celle qui était produite par l'adoption , l'émancipation qui faisait perdre l'agnation détruisait aussi la cognation , (*L.* 10 , § 4 , ff. *de grad. et aff.*).

L'agnation ou la parenté civile ne reposant d'un côté que sur des rapports de puissance, et la famille civile ne se composant d'un autre côté que de personnes obéissant aux lois d'un même ascendant , il faut en déduire que le lien de famille se trouve brisé et le droit d'agnation détruit , dès que les rapports de puissance ont cessé. L'agnation est donc dissoute par la plus petite diminution de tête, par exemple , par l'émancipation du fils de famille , tandis que cette diminution laisse subsister la cognation qui repose sur les liens du sang.

Si la plus petite diminution de tête suffit pour détruire le droit d'agnation , la plus grande et la moyenne de ces diminutions peuvent seules opérer le même effet à l'égard de la cognation ou de la parenté naturelle (Just. Inst. , liv. 1er, tit. XVI , *de cap. demin.* , § 6). Sans doute les accidens qui privent un citoyen Romain de sa liberté et du droit de cité en même-temps, ou seulement du droit de cité , ne peuvent avoir pour résultat de rompre des liens que la nature a formés ; car selon l'observation consignée dans le § 3 du tit. 15 du liv. 1er des Institutes *de leg. adgn. tutel.* : *civilis ratio civilia quidem jura corrumpere potest* , *naturalia vero non utique* ; mais elle peut enlever à ces liens toutes les prérogatives quelle leur avait attribuées.

Ces observations préliminaires posées , entrons dans l'examen des divers ordres de succession d'après le droit civil.

Ce droit formulé par une disposition de la loi des XII tables , reconnaissait plusieurs ordres de succession. En effet , d'après les Décemvirs , l'hérédité appartenait en premier lieu, aux héritiers *siens*; en second lieu aux *agnats*; en troisième lieu aux *gentiles* (*Gai. Inst. comm.* 3, § 17, *Pauli sent.*, tit. *VIII de intest. succ.*, § 3.)

Le jurisconsulte Ulpien nous a conservé dans ses fragmens le texte de la loi précitée, ainsi conçu : SI INTESTATO MORITUR CUI SUUS HÆRES NEC SIT, ADGNATUS PROXIMUS FAMILIAM HABETO.

Dans la collation des lois Mosaïques et Romaines on lit le complément suivant : SI ADGNATUS NEC ESCIT, GENTILES FAMILIAM HABEANT.

Nous nous occuperons de chacune de ces trois espèces d'héritiers dans un § particulier.

§. I".

Des héritiers siens.

D'après le texte de la loi des XII tables que nous venons de reproduire, les héritiers *siens* étaient propriétaires de l'hérédité en premier ordre, c'est-à-dire par préférence à tous autres, les agnats n'étant appelés qu'à leur défaut, *si suus hæres nec escit....*

Il n'y avait à proprement parler qu'une seule classe d'héritiers siens; elle se composait exclusivement de ceux qui étaient investis de cette qualité par le droit civil. Mais les préteurs par leurs édits et les Empereurs par leurs constitutions, assimilèrent successivement plusieurs personnes aux héritiers siens. Nous devons donc, pour embrasser toutes les phases de la Jurisprudence subdiviser ce paragraphe en trois articles; traiter dans le premier des héritiers siens proprement dits, c'est-à-dire de ceux qui étaient tels d'après le droit civil; dans un second des personnes assimilées aux héritiers siens en vertu des dispositions du droit prétorien, et dans un troisième des personnes qui ne durent cette assimilation qu'au droit impérial.

ARTICLE 1.

Des héritiers siens d'après le droit civil.

Nous l'avons déjà dit en parlant de l'exhérédation; les héritiers siens sont les personnes libres placées sous la puissance du mourant, *qui in potestate morientis fuerunt*, et occupant le premier degré dans sa famille.

La qualité d'héritier sien fut pendant long-temps le partage exclusif des descendans conçus *ex justis nuptiis* ou introduits dans la famille civile par l'effet de l'adoption ou de la *causæ probatio*, et de la femme tombée *in manu mariti*. Les justes noces, l'adoption, *la causæ probatio* et la *in manum conventio* constituaient en effet les seules source de la famille et de la puissance paternelle. La *manus*, comme on le sait, tomba en désuétude. Sous Constantin la légitimation introduite dans la jurisprudence devint une nouvelle source de la famille. A compter de cette époque, les enfans légitimés vinrent donc augmenter le nombre des héritiers siens (*Inst. de Just.*, tit. 1er *de hæred. quæ ab intest. def.*, § 3).

La définition que nous venons de donner des héritiers siens ne doit faire exclure de cette classe d'héritiers ni les posthumes qui se seraient trouvés sous la puissance de l'ascendant s'il eût survécu, ni les descendans qui, retenus prisonniers de guerre chez l'ennemi au moment de la mort de leurs ascendans, pouvaient invoquer plus tard la fiction bienfaisante du *jus postliminii*, ni ceux qui, privés du droit de cité à la même époque, étaient réintégrés dans tous leurs droits *per omnia*, *in integrum* par la clémence du Prince, ni ceux enfin qui se trouvaient affranchis *ex primo vel secundo mancipio* après le décès de l'ascendant.

Certaines personnes qui ne sont pas en réalité sous la puissance du père de famille mourant, mais qui auraient été soumises à cette même puissance par l'effet de certains événemens postérieurs à sa mort, dans le cas où il eût survécu, sont donc comprises parmi les héritiers siens. Réciproquement, il est des personnes qui, placées sous la puissance du père de famille, au moment même de sa mort, sont cependant privées du même titre, ou plutôt des avantages qui y sont attachés, parce que le défunt ne pouvait avoir d'autre héritier que le fisc, comme on le voit dans l'hypothèse prévue par le § 5, *ibidem*.

Pour être héritier sien, il ne faut pas d'ailleurs avoir toujours occupé le premier degré dans la famille du défant. Il suffit en effet que ce premier degré soit devenu vacant, par exemple, par la mort ou l'émancipation de celui qui s'y trouvait primitivement placé. Ainsi le petit-fils ne pourra sans doute être héritier sien de son aïeul tant que le père continuera à faire partie de la famille; *parentes enim liberis suis cum quibus in potestate fuerint ipsi ordine successionis obsistunt*, dit le jurisconsulte Paul dans ses Sentences, tit. VIII *de intest. succ.*, § 8. Mais si à l'époque [de la mort de l'aïeul, le fils était devenu étranger à sa famille par une cause quelconque, le petit-fils était alors héritier sien.

Au reste on ne considérait pas toujours comme héritier sien celui qui était au premier degré à l'époque de la mort, mais, lorsque le défunt avait fait un testament, celui qui occupait ce premier degré au moment où il était certain que le testament ne produirait pas son effet. (Inst., § 7, *ibid.*).

Après avoir ainsi déterminé la série de ceux auxquels le droit civil accordait la qualité d'héritiers siens, il importe d'examiner et les priviléges dont ils jouissaient et le mode de partage d'après lequel l'hérédité était distribuée entr'eux.

Le premier privilége des héritiers siens, est d'être saisis de plein droit, *ipso jure*, même à leur insu. La communauté d'intérêts et principalement le lien de puissance domestique qui existait entre l'ascendant et le descendant, faisaient considérer ce dernier comme copropriétaire, même pendant la vie de l'ascendant, du patrimoine composant l'hérédité. Le descendant est censé moins acquérir pour la première fois que retenir et conserver une propriété déjà acquise, *statim morte parentis quasi continuatur dominium* (*Just. Inst.*, *ibid.*, § 3). Les héritiers siens étaient donc héritiers domestiques; *sui hæredes ideò appellantur quia domestici hære des sunt et vivo quoque patre quodammodo domini existimantur* (*Ibid. de hæred. qualit. et diff.*, § 2).

De cette fiction qui explique leur qualité de *sui hæredes*, (car ils sont censés hériter en quelque sorte d'eux-mêmes) on déduisait les conséquences suivantes : 1° L'héritier sien n'a besoin de faire aucun acte d'adition pour exercer les droits attachés à sa qualité. Saisi de plein droit, même à son insu, de l'hérédité, par le seul effet du décès de l'ascendant, il la conserve, tant qu'il ne demande pas à s'abstenir. 2° Alors même que l'héritier sien est pupille ou furieux, il est tellement saisi de la propriété des biens héréditaires que *nec tutoris autoritas pupillo, nec furiosis curator necessarius est*, dit le jurisconsulte Paul, suivant cet axiome du droit : *quibus ex causis ignorantibus nobis adquiritur, ex his causis et furiosis adquiri potest* (*Inst. de Just., de hæred. quæ ab intest. defer.* § 3.) Cependant si l'hérédité était onéreuse, le droit de s'abstenir était accordé au pupille, après qu'il avait atteint sa puberté, au furieux, après qu'il avait recouvré l'usage de sa raison. (*Inst. de hœred. quæ ab int. defer.* § 3 et *Pauli sent., tit.* VIII, *de int. succ.,* § 6.)

Les règles relatives au partage de l'hérédité, dans le cas du concours de plusieurs héritiers siens, sont tracées dans le § 6 des Inst. de Just. *ibid.* Ce concours n'existe-t-il qu'entre des héritiers occupant tous dans la famille le premier degré? ils succèdent par tête, *in capita*, ou par portions égales, c'est-à-dire que l'on fait autant de parts distinctes qu'il y a de têtes d'héritiers.

Le concours existe-t-il entre des héritiers placés à des degrés inégaux, par exemple entre les enfans au premier degré d'une part et des descendans du deuxième ou troisième degrés de l'autre? les héritiers du degré le plus proche n'excluent pas ceux qui occupent des degrés plus éloignés: *nec qui gradu proximior est ulteriorem excludit*, parce qu'on a égard en cette matière à la qualité des héritiers et non à la proximité du degré. Il était juste en effet que des petits-enfans prissent part à l'hérédité de leur aïeul, au lieu et place de leur père. Les héritiers placés à des degrés inférieurs concourent donc dans ce cas avec ceux qui occupent des degrés plus rapprochés. Mais le partage se fait *par souche, in stirpes*, c'est-à-dire que tous les héritiers qui succèdent, en prenant la place laissée vacante par leur auteur prédécédé ou émancipé, ne prennent pour la subdiviser entr'eux que la part qu'aurait prise leur auteur lui-même s'il eût recueilli personnellement l'hérédité, *partem quam pater eorum si viveret, habiturus esset.* On appelle ce partage, partage *par souche*, parce que chacun des fils est considéré comme formant *souche* par rapport à la branche des descendans dont il devient l'origine.

On procède encore à un partage de ce genre lorsqu'il y a parité de degrés entre plusieurs petits-enfans dont l'aïeul n'a plus sous sa puissance aucun enfant du premier degré.

ARTICLE 2.

Des personnes assimilées aux héritiers siens par le droit Prétorien.

Le droit civil, nous venons de le voir, n'accordait en principe le titre d'héritier sien qu'aux personnes libres placées sous la puissance du mourant ; donc les enfans qui étaient émancipés perdaient leur droit à ce titre en sortant de la famille par suite de l'émancipation.

Cette conséquence, si elle était exacte, parut trop rigoureuse. Aussi les préteurs crurent-ils devoir tempérer ce qu'elle avait de trop sévère. Jaloux de restituer aux liens du sang une partie des prérogatives que les mœurs primitives des romains avaient exclusivement conférées aux liens de puissance, ils attribuèrent aux descendans émancipés la possession de biens *unde liberi*, comme s'ils n'avaient jamais cessé d'appartenir à la famille civile de leur père. (*Just. Inst. ibid.* § 9 , *Gaï. comm.* 3 , § 26.)

Cette faveur fut la même pour les émancipés, soit qu'ils fussent seuls de leur qualité, soit qu'ils se trouvassent en concours avec des héritiers siens. *

Il faut cependant remarquer que les enfans qui, après avoir été émancipés, avaient consenti à passer, par l'effet de l'adrogation, dans une famille étrangère, ou qui avaient été donnés en adoption par leur père naturel, ne participaient pas au bénéfice du droit prétorien si à l'époque de la mort de leur ascendant naturel ils faisaient encore partie de leur famille adoptive. Il fallait, pour qu'ils fussent habiles à profiter des faveurs introduites par les préteurs, qu'ils eussent été émancipés par leur père d'adoption du vivant de leur père naturel. Toutefois, alors même qu'ils faisaient encore partie de leur famille adoptive à l'époque de la mort de leur père naturel, s'ils étaient privés de la possession de biens *unde liberi*, ils n'en conservaient pas moins en leur seule qualité d'enfans le droit de réclamer la possession de biens *unde cognati*, c'est-à-dire en troisième ordre, à défaut d'héritiers siens et d'agnats. (*Just. Inst. ibid.* § 10 et 13.)

Le préteur leur préférait dans ce dernier cas tous les autres

---

* L'émancipé avait pu acquérir des biens personnels depuis le moment de l'émancipation ; il était d'un autre côté resté étranger à toutes les acquisitions faites depuis cette époque par la famille dont il avait cessé d'être membre. Il était donc juste qu'en venant prendre part à l'hérédité concurremment avec ceux qui n'étaient jamais sortis de la famille, il leur fît le rapport des biens dont il était le propriétaire au moment de la mort de l'ascendant. *Emancipatus liberis ex Edicto datæ bonorum possessio, si parati sint cavere fratribus suis qui in potestate manserunt bona quæ mancente patre habuerint, se collaturos.* Ulp. fragm. t. 28 de possess. bonorum, § 4.

Telle fut, dans le droit, l'origine des rapports de co-héritier à co-héritier.

héritiers siens et les agnats , parce que , s'il en eût été autrement , le père adoptant aurait pu se poser au gré de son caprice , après la mort du père naturel , l'arbitre souverain de l'hérédité de ce dernier ; car , selon qu'après la mort de celui-ci , il eût émancipé ou retenu sous sa puissance les adrogés ou les adoptés , cette hérédité aurait été dévolue tantôt aux descendans , tantôt aux agnats.

Les émancipés adrogés et les adoptés jouissaient de la même prérogative dans les successions testamentaires de leur ascendant naturel. Ils étaient admis à réclamer , de même que les enfans qui étaient restés sous sa puissance , la *bonorum possessio contra tabulas* , pourvu toutefois qu'à l'époque de sa mort ils eussent cessé de faire partie de leur famille adoptive.

La condition des enfans adoptifs est moins favorable que celle des enfans naturels ; * *minùs juris habent filii adoptivi quam naturales.* Les enfans naturels en effet conservent , malgré leur émancipation ou leur agrégation à une famille étrangère par l'effet de l'adoption , leur qualité d'enfans , et retrouvent dans la succession de leur ascendant naturel , grâces au droit Prétorien , des avantages dont le droit civil les a deshérités. Les enfans adoptifs au contraire jouissent bien dans la famille de leur père adoptant de tous droits attribués aux enfans légitimes tant que subsiste le lien de l'adoption , mais dès qu'ils ont été émancipés par le père adoptant , ils deviennent étrangers à ce dernier et à sa succession (sauf toutefois les exceptions consignées dans le § 1er du tit. 10 *de nuptiis* , et dans le §. 3 , tit. 11 *de adopt.* au livre 1er des Instituts de Justinien) , et sont privés de toute espèce de droits , sur les biens qui la composent , d'après la loi civile et d'après la jurisprudence prétorienne. La raison de cette différence , d'ailleurs expliquée dans le § 11 *ibid.* est si sensible , qu'il serait superflu de la faire ressortir.

Les doctrines que nous venons d'exposer permettent d'apprécier sainement la position dans laquelle se trouvaient placés les enfans donnés en adoption. Leur sort , comme on le voit , était tout à fait différent selon qu'ils étaient ou non dans leur famille adoptive à l'époque de la mort de leur père naturel. Etaient-ils émancipés à cette

* On sait que par le mot d'enfans naturels mis en opposition avec les enfans adoptifs , on entend toujours parler des enfans naturels et légitimes.

époque par leur père adoptant ? ils reprenaient, en vertu de l'édit du préteur, leur place et leurs droits dans leur famille naturelle en demandant la possession de biens *unde liberi*. Dans tous les autres cas, ils ne prenaient part à son hérédité qu'en troisième ordre en réclamant la possession de biens *unde cognati*. Ils couraient donc la chance d'être fort souvent privés de tout droit dans cette hérédité; d'un autre côté leur émancipation leur enlevait toute espèce de prérogative dans leur famille adoptive, d'où il suivait que l'adoption pouvait leur devenir essentiellement onéreuse. Tel n'était pas cependant l'esprit et le but de cette institution qui, si elle devait procurer les douceurs de la paternité à l'adoptant, devait aussi devenir une source de bienfaits pour l'adopté. L'empereur Justinien sut la préserver de ces inconvéniens en distinguant, comme nous l'avons vu dans le premier livre de ses Institutes, l'adoption faite par un ascendant de celle qui émanerait d'une personne étrangère, et en conservant à l'adopté tous ses droits dans sa famille naturelle, lorsque l'adoption le ferait passer dans une famille autre que celle d'un ascendant (*Inst. ibid.*, § 14).

Article 3.

III. — *Des personnes assimilées aux héritiers siens d'après le droit Impérial.*

On vient de voir comment le droit des préteurs, tempérant l'excessive sévérité du droit civil, *juris civilis iniquitates*, dit Gaius, comm. 3 , § 25, accorda aux descendans émancipés ou placés dans une famille adoptive, tantôt la possession de biens *unde liberi*, tantôt la possession des biens *unde cognati*.

Pénétrés des mêmes principes d'équité, animés du désir de féconder de si sages innovations, les Empereurs crurent devoir aussi accorder à d'autres personnes l'accès à l'hérédité qui leur était refusé par le droit civil.

D'après ce droit, les descendans du défunt par les mâles, *ex masculis progeniti*, étaient seuls appelés à l'hérédité, parce que, d'après l'organisation domestique, ils se trouvaient seuls placés sous sa puissance. Il n'en était pas ainsi de ses descendans par les femmes. Agrégés en naissant à la famille de leur père, toujours étrangers à la famille de leur mère, ils ne pouvaient être par cela même héritiers siens de leur aïeul maternel ; *ex filia nepotes sui hæredes non sunt, in avi materni enim potestate alienam familiam*

3

sequentes, *ipsâ ratione esse non possunt* (*Paul. Sent.,* *tit. VIII, de intest. success.,* § 10).

De la rigidité de cette doctrine, dont l'exactitude ne pouvait cependant être contestée, découlait une inégalité choquante entre les descendans d'un même auteur. Les enfans du fils étaient héritiers siens, tandis que les enfans de la fille, privés de ce titre et relégués par l'édit du préteur dans la classe des cognats, ne venaient qu'en troisième ordre, c'est-à-dire *après tous les agnats.*

A la fin du quatrième siècle de l'ère chrétienne, les empereurs Valentinien II, Théodose et Arcadius, s'occupèrent à faire cesser, du moins en partie, une disparité si peu conforme aux lois de la nature. Ils appelèrent tous les descendans du défunt à prendre part concurremment à son hérédité, sans distinguer entre les enfans de la fille et les enfans du fils. Toutefois ils ne rétablirent pas entr'eux une égalité parfaite. Pour ne pas dépouiller les descendans par les mâles de tous les priviléges dont ils étaient redevables au droit civil, ils réduisirent la portion des descendans par les femmes aux deux tiers de celle qu'aurait recueillie la femme dont ils étaient issus, si celle-ci eût succédé personnellement.

Le résultat nécessaire de ces changemens fut donc, en faisant concourir les descendans cognats avec les descendans agnats, et en faisant par cela même passer les premiers du troisième ordre, dans lequel ils étaient relégués auparavant, au premier ordre, de leur donner la préférence sur tous les agnats collatéraux du défunt. La révolution qui s'opéra ainsi dans les droits des descendans cognats du défunt, ne s'étendit pas cependant jusqu'à exclure en totalité ses agnats collatéraux. Ces derniers en concours avec les premiers, furent maintenus par la même Constitution dans le droit de prendre le quart de l'hérédité.

La législation de Justinien vint leur enlever ce dernier avantage. Ce prince développant sur une échelle plus large le principe d'égalité établi partiellement par ses prédécesseurs, abrogea, relativement à ce quart, la constitution de Théodose, en la laissant néanmoins subsister (jusqu'à la promulgation de ses Novelles), par rapport à l'avantage du tiers qu'elle déférait aux descendans *agnats* en concours avec des descendans *cognats.*

Il importe de faire observer, avant de passer à un autre ordre d'héritiers, que ni les enfans emancipés, assimilés aux héritiers siens par le droit prétorien et placés sur la même ligne que les enfans maintenus *in potestate,* ni les descendans *cognats* assimilés aux descendans *agnats* par les

Constitutions, ne devinrent héritiers siens proprement dits. L'effet de cette assimilation fut bien de leur donner le droit de concourir avec ceux qui tenaient cette qualité du droit civil, mais ils ne furent point comme eux saisis de plein droit de l'hérédité. Placés hors de la famille civile au moment de l'ouverture de la succession, ils ne pouvaient avoir les mêmes prérogatives que ceux qui n'en étaient jamais sortis. Cette distinction ressort de l'ensemble des § 8 et 15 des Institutes de Justinien, *de hereditatibus quae ab intestato deferuntur*, et du § 32 du commentaire 3 des Institutes de Gaïus.

§ 2.

*Des successions légitimes * dévolues aux agnats.*

Le texte pur de la loi des XII tables dont nous avons rapporté un fragment, appelait les agnats du défunt à recueillir son hérédité en second ordre, c'est-à-dire en l'absence de tout héritier sien.

Le droit postérieur à la loi des XII tables, ayant comme nous venons de le voir, appelé certaines personnes en concours avec les héritiers siens, il fallut nécessairement que la doctrine ajoutât quelque chose au texte primitif de cette loi, en déclarant que les agnats seraient appelés à défaut des héritiers siens et de ceux que le droit prétorien d'abord, et plus tard, les constitutions impériales assimilèrent aux héritiers siens. Cette précision se fait remarquer dans le *proémium* du titre 2 des Institutes de Justinien, *de leg. adgn. successione*, ainsi conçu : *Si nemo suus hæres vel eorum quos inter suos hæredes prætor vel constitutiones vocant, existat qui successionem quoquo modo amplectatur, tunc ex lege duodecim tabularum ad adgnatum proximum pertinet hereditas.*

De même qu'il n'y avait d'abord qu'une seule classe d'héritiers siens, on ne connut aussi pendant bien longtemps qu'une seule classe d'agnats. Mais divers sénatus-consultes et diverses constitutions impériales, conférèrent successivement les droits d'agnation à diverses personnes qui n'en avaient jamais joui, ou les restituèrent à d'autres qui les avaient perdus. Nous devons donc, en maintenant la méthode que nous avons déjà suivie, traiter dans un premier

---

* Les agnats sont généralement désignés dans les textes sous le nom d'*héritiers légitimes.*

paragraphe de l'hérédité déférée aux agnats proprement dits, et dans un second paragraphe des cognats qui furent élevés pour la première fois à la classe des agnats, et des agnats dégénérés ou devenus cognats, réintégrés plus tard dans les droits d'agnation.

ARTICLE I.

De l'hérédité déférée aux agnats proprement dits.

En parlant dans nos observations préliminaires sur les hérédités *ab intestat*, de l'organisation de la famille Romaine, nous avons exposé en peu de mots la distinction qui existait entre les *agnats* et les *cognats*; nous avons dit comment se formait le lien d'agnation et comment il pouvait se dissoudre. A l'aide des notions sommaires que nous y avons posées, il est donc facile de reconnaître quels sont les agnats du défunt.

Les agnats du degré le plus rapproché, habiles en cette qualité à recueillir l'hérédité *ab intestat*, sont nécessairement les frères et sœurs germains ou consanguins [1], soit naturels soit adoptifs, connus dans la Jurisprudence sous le nom *de consanguins*. Viennent ensuite les agnats du troisième degré et des degrés subséquens.

---

[1] Dans les successions déférées aux agnats, les consanguins viennent nécessairement en premier ordre. Le père du défunt est sans contredit placé à un degré plus rapproché que les consanguins, mais il est facile de comprendre pourquoi il ne peut jamais venir en qualité d'agnat à la succession de son descendant. En effet, si le fils n'est pas émancipé, il n'a pu acquérir personnellement, c'est-à-dire, pour son propre compte d'autres biens que ceux compris dans les pécules castrens et quasi-castrens. Il avait sans doute obtenu la faculté de disposer par testament de ces pécules; mais s'il n'en avait pas usé, les biens qui les composaient étaient dévolus de plein droit à l'ascendant *jure peculii* et non *jure hæreditario*.

Le fils de famille avait-il été émancipé? L'émancipation avait détruit tout droit d'agnation entre son ascendant et lui. L'ascendant ne pouvait donc plus succéder en qualité d'agnat, mais seulement en qualité d'ascendant émancipateur considéré comme patron, si l'émancipation avait eu lieu *contractâ fiduciâ*.

Dans le 5e siècle de l'Ère Chrétienne, lorsque les fils de famille eurent obtenu la propriété des biens à eux advenus du chef de leurs ascendans maternels, les empereurs Leon et Anthémius crurent devoir s'occuper de la dévolution des successions des fils de famille décédés *intestat*; ils les attribuèrent, 1° aux enfans du défunt, 2° à ses frères et sœurs; 3° au père qui recueillait dans ce cas les biens à titre de succession. A compter de cette innovation le père ne recueillit plus que dans le même ordre et toujours *jure hæreditario*, même les biens compris dans les pécules castrens ou quasi-castrens de ses descendans.

Dans quel ordre les agnats sont-ils appelés à recueillir l'hérédité ? Lorsque nous avons parlé des héritiers siens, nous avons reconnu que le plus proche en degré n'excluait pas toujours le plus éloigné, puisque nous avons vu les descendans du deuxième degré prenant la place de leur père prédécédé ou émancipé, venir en concours avec des enfans du premier degré à l'hérédité de l'aïeul commun.

Pour connaître quel est le plus proche, il faut avoir égard à la priorité du degré * à l'époque du décès, si le défunt n'a fait aucun testament, et s'il a testé, à l'époque où il est devenu certain que l'héritier institué n'a pu ou n'a voulu accepter l'hérédité, en d'autres termes, au moment où il a été constant que la succession s'est ouverte *ab intestat*. (*Just. Inst. de leg. adgn. succ.*, § 6).

Lorsqu'entre plusieurs agnats il y a égalité de degré, ils partagent entr'eux par tête, c'est-à-dire par portions égales. Que si quelqu'un d'entr'eux répudie l'hérédité ou se trouve empêché de l'accepter *vel morte vel alia causa*, la part des renonçans ou des défaillans accroît à la part de ceux qui ont fait acte d'adition. (*Just. Inst. de S. C. Orphit.* § 4).

Dans les successions déférées aux héritiers siens, nous avons encore établi en principe que dans le cas de parité de degré entre plusieurs enfans ou arrière petits-enfans, le partage s'opérait par souche et non par tête, tandis que dans les successions déférées aux agnats, le partage a toujours lieu par tête.

Il faut faire encore à cet égard plusieurs observations :

1° Les agnats succédaient toujours par préférence à tous les cognats du défunt, quels que fussent leurs degrés de parenté respectifs, et quelque éloigné que fût d'ailleurs le degré qui unissait les agnats au défunt (*Inst. de succ. cogn.* §. 5).

2° Lorsque les agnats les plus proches en degré, et appelés en cette qualité à recueillir l'hérédité, la répudiaient ou décédaient avant de l'avoir acceptée, les agnats placés à un degré inférieur, n'avaient pas le droit de la recueillir. A leur défaut on n'admettait pas la *dévolution successive de degré en degré*. *Placebat in eo genere percipiendarum hæreditatum successionem non esse* (*Inst. de Just.*, *ibid.*, § 3). Ce principe avait pour résultat nécessaire, en refusant l'hérédité aux agnats des degrés subséquens, de la faire refluer vers les *gentiles*.

---

* Dans notre 1re Livraison (page 26), nous avons fait connaître la manière de compter les degrés de parenté. Il suffit d'ailleurs de lire le Titre VI, du Liv. 3 des *Inst. de Just. de Grad. Cognat.*

Plus tard les préteurs modifièrent ces dispositions en appelant à la possession de biens les agnats qui étaient ainsi privés de l'hérédité. Enfin, l'empereur Justinien, opérant une réforme plus complète, déclara par des considérations qu'il expose dans le (§ 3, *ibid.*), que les agnats des degrés plus éloignés recueilleraient en leur qualité l'hérédité, lorsque les agnats des degrés plus rapprochés, *ou* l'auraient répudiée ou seraient morts sans l'avoir recueillie.

D'après la loi des XII tables, le droit de succession entre les agnats était réciproque, sans aucune distinction de sexe. Mais par une interprétation de la loi Voconia, les prudens exclurent les femmes autres que les sœurs consanguines du droit d'hériter de leurs agnats ; *ad feminas ultra consanguineorum gradum legitima hæreditas non pertinet*, dit le jurisconsulte Ulpien, *fragment.*, tit. XVI, *de leg. hæredit.*, § 6. Ainsi le neveu recueillait l'hérédité de sa tante paternelle, tandis que celle-ci se trouverait incapable de recueillir l'hérédité de son neveu. Cette inégalité introduite par des motifs politiques, *voconiana ratione* [*] (pour reproduire les expressions dont se sert le jurisconsulte Paul dans ses Sentences, titre précité, § 22), subsista jusqu'au moment où les préteurs vinrent en atténuer les effets, en accordant aux femmes la possession de biens *unde cognati.* Justinien nous apprend qu'il préféra sur ce point le principe d'unité et de simplicité posé par la loi des XII tables à l'interprétation des prudens. Tout en rendant hommage au tempérament d'équité admis par la jurisprudence prétorienne, il ne jugea pas cependant que ses auteurs eussent assez fait dans l'intérêt des femmes. Pour compléter la réforme qu'ils avaient commencée, il rétablit entre les agnats des deux sexes le système d'égalité et de réciprocité consacré par les décemvirs, et dès-lors les femmes, sans aucune distinction de degré, furent réintégrées dans le droit de succéder à leurs agnats du sexe masculin dans les mêmes cas où ceux-ci auraient pu succéder aux femmes.

[*] Proposée entre la 2e et la 3e guerre punique par le tribun Voconius, dont elle porta le nom, vivement appuyée par Caton l'ancien, la loi *Voconia* eut pour objet de mettre un frein au luxe qui débordait de toutes parts, en empêchant les femmes de posséder un patrimoine trop considérable. Elles furent déclarées incapables d'être instituées héritières par un testateur inscrit au le cens. Les prudens décidèrent que cette loi serait applicable aux successions *ab intestat.*

ARTICLE 2.

Des cognats appelés au nombre des agnats, et des agnats devenus cognats, réhabilités dans les droits d'agnation.

Nous parlerons séparément 1° du droit de succession réciproque entre la mère et les enfans, 2° des frères et sœurs consanguins émancipés, des frères et sœurs utérins, et des enfans des uns et des autres.

I. Les agnats, d'après le droit civil, sont les consanguins du défunt, les membres d'une même famille. La mère, toujours privée du droit de puissance sur ses enfans, par cela même étrangère à leur famille, ne faisait pas partie du nombre de leurs *agnats*. Elle ne leur succédait donc pas en cette qualité, à moins toutefois qu'elle ne fût tombée *in manu mariti*, car elle était alors considérée comme la fille de celui-ci, comme la sœur de ses propres enfans, et avait acquis par cela même le droit de consanguinité vis-à-vis d'eux. (*Gai. Ins. comm. 3, § 24 et Just. Inst., tit. 3 de s. c. tert. ad proem.*).

La mère qui n'était pas tombée *in manu mariti* ne venait qu'en troisième ordre à la succession de ses enfans, en vertu du droit prétorien, qui appelait à la possession des biens tous les *cognats*, chacun en raison de la proximité du degré. Elle se trouvait par cela même exclue par tous les agnats qui venaient en second ordre. L'empereur Claude accorda le premier à une mère l'hérédité de ses enfans par préférence à tous les agnats de ceux-ci, pour adoucir les regrets que la perte de ces enfans lui avait fait éprouver. Cette faveur exceptionnelle fut bientôt convertie en principe général sous le règne d'Antonin le pieux, en vertu d'un sénatus-consulte particulier, connu sous le nom de sénatus-consulte *Tertullien*. Ce sénatus-consulte, dont le germe était virtuellement renfermé dans les lois Papiennes qu'Auguste avait promulguées pour cicatriser les plaies faites à l'état par les guerres civiles, fit passer les mères de la classe des cognats dans celle des agnats, en leur conférant en cette dernière qualité les successions de leurs enfans décédés intestat. (*Frag. d'Ulpien, tit. XXVI, § 8, Instit. de Just. de senat. con., Tertull. ad proemium.*

Ce droit nouveau fut accordé aux mères sans aucune distinction entre celles qui seraient *alieni juris* et celles qui seraient *sui juris*, entre les successions délaissées par les enfans du sexe masculin ou de sexe féminin, par les enfans *légitimes*, les enfans *naturels* et les *vulgo quæsiti*. (*Inst.* § 7, *ibid.*).

Le sénatus-consulte Tertullien n'eut égard qu'au lien du sang, tandis que le droit civil antérieur n'avait pris en considération que les liens de puissance. Les droits nouveaux dont ce sénatus-consulte dota les mères exclusivement (puisque les aïeules n'étaient pas comprises dans ses dispositions), furent subordonnés au concours de deux conditions. 1° Les mères devaient avoir le *jus liberorum*, en d'autres termes la femme *ingénue* devait avoir mis au monde trois enfans *vivos et pleni temporis* et *l'affranchie* quatre. Le jurisconsulte Paul nous apprend dans ses Sentences, t. 9, *ad Sen. cons. Tertull.*, dans quel cas cette condition était censée accomplie. 2° Les mères majeures de 25 ans étaient tenues de demander des tuteurs pour leurs enfans ; si elles ne se conformaient pas à cette obligation, elles étaient privées de tout droit sur leurs successions lorsqu'ils décédaient avant d'être parvenus à l'âge de puberté.

En appelant la mère qui réunissait les deux conditions précédentes à recueillir la succession que les textes qualifient de *tristis successio*, de *luctuosa hæreditas*, le sénatus-consulte Tertullien n'entendit pas lui accorder un droit de préférence absolue sur tous les autres héritiers. Elle fut toujours exclue, 1° par les descendans du défunt, soit qu'ils fussent héritiers siens, soit qu'ils fussent du nombre des personnes assimilées aux héritiers siens ; 2° par le père. Elle excluait à son tour les ascendans autre que le père. En concours avec un frère consanguin, elle était exclue par celui-ci, tandis qu'en concours avec une sœur consanguine elle prenait la moitié de la succession, l'autre moitié étant attribuée à la sœur.

Dans le cas où le concours s'établissait entre des frères ou sœurs consanguins, la mère se trouvait exclue par la présence des frères, et ceux-ci partageaient avec leurs sœurs l'hérédité par portions égales (*Just. Inst. de sen. cons. Tertull.*, § 3).

Ainsi le seul bénéfice conféré à la mère par la législation nouvelle, fut de lui donner la préférence sur tous les agnats du défunt autres que les consanguins.

Les constitutions impériales modifièrent sous plusieurs rapports le droit consacré par le sénatus-consulte Tertullien. Les unes accordèrent aux mères une portion de l'hérédité, même dans le cas où elles n'avaient pas eu le nombre d'enfans dont nous venons de parler ; les autres au contraire retranchèrent un tiers à celles qui avaient eu le nombre d'enfans déterminé pour en gratifier certains agnats, c'est-à-dire, l'oncle, les enfans et les petits-enfans de l'oncle qui se trouvaient exclus par le sénatus-consulte.

Ainsi ces constitutions étaient, sous un rapport favorables, sous d'autres rapports défavorables à la mère. Justinien abrogea cette législation. Posant, selon son usage, des règles à la fois plus simples et plus uniformes, appréciant d'ailleurs d'une manière plus large dans l'intérêt des mères, les titres nombreux qu'elles avaient à la succession de leurs enfans *décédés intestat*, il déclara d'abord par une de ses constitutions insérées dans son Code qu'elles jouiraient des prérogatives à elles accordées par le sénatus-consulte Tertullien, alors même qu'elles n'auraient mis au jour qu'un seul enfant. S'occupant ensuite de leurs concours avec certains agnats auxquels les constitutions de ses prédécesseurs avaient attribué certaines prérogatives, il donna aux mères la préférence sur tous ces agnats autres que le frère et la sœur, en faisant à cet égard des précisions qui sont consignées dans le § 4 de ses institutes *de senat. Tertull.*

Le sénatus-consulte Tertullien qui appela les mères à la succession de leurs enfans décédés *intestat*, n'avait attribué aucun droit de réciprocité aux enfans sur la succession de leurs mères. Etrangers à la famille civile de celle-ci, puisqu'ils étaient toujours en dehors de sa puissance, privés par cela même de la qualité d'héritiers siens et d'agnats, les enfans toujours confondus dans la classe des cognats (sauf le cas où leur mère tombée *in manu mariti*, était devenue fictivement leur sœur consanguine), ne pouvaient venir à sa succession qu'en troisième ordre, en ayant recours à la possession de biens *unde cognati* que le préteur, nous l'avons déjà dit, avait ouverte à tous les cognats.

Les enfans se trouvaient donc exclus par tous les agnats de leur mère.

Quelques années après le sénatus-consulte Tertullien *, sous le règne de Marc-Aurèle et de Commode, un sénatus-consulte nouveau, le sénatus-consulte Orphitien, vint modifier un ordre de succession si peu en harmonie avec les lois de la nature. Il conféra aux enfans le droit d'agnation, en leur permettant de recueillir l'hérédité de leurs mères décédées *intestat*, par préférence à

---

* Si le Sénat avait cru devoir attribuer les droits d'agnation aux mères sur la succession de leurs enfans avant d'améliorer la condition des enfans par rapport à la succession de leur mères, n'est-ce pas parce que les mères pouvaient, en faisant un testament, soustraire leurs enfans aux dispositions austères de la loi des XII Tables, tandis que les enfans mouraient le plus souvent incapables de tester?

tous les consanguins et à tous les autres agnats de celle-ci. Attribué d'abord aux enfans du premier degré exclusivement, ce droit fut dans la suite étendu aux petits enfans, à l'égard des successions de leurs aïeules, par une constitution des empereurs Valentinien Théodose et Arcadius.

Le sénatus-consulte Orphitien, formulé d'après des idées analogues à l'objet du sénatus-consulte Tertullien, n'eut égard comme celui-ci qu'aux liens du sang. Aussi ses dispositions bienfaisantes furent-elles applicables, 1° aux enfans naturels, c'est-à-dire, nés du concubinat, et aux enfans *vulgo quæsiti*, comme à ceux qui étaient nés *ex justis nuptiis* (*Inst.* § 3, *ibid.*) Elles pouvaient être d'ailleurs invoquées indistinctement par la fille comme par le fils, par les enfans *sui juris*, comme par ceux qui étaient *alieni juris* (*ad proem. ibid.*) Cette innovation devint pour les fils de famille une source féconde d'acquisitions, dont la nue propriété constitua pour eux un patrimoine personnel, à compter du règne de Constantin.

Nous ferons remarquer, et cette observation sera commune aux règles tracées relativement au sénatus-consulte Tertullien et au sénatus-consulte Orphitien, que ceux auxquels ces sénatus-consultes attribuèrent le droit d'agnation, n'en étaient pas privés par la plus petite diminution de tête. La qualité d'héritier sien, de même que celle d'agnat qui d'après le droit civil déférait à ceux qui en étaient revêtus la succession *ab intestat*, se trouvait sans doute détruite par un accident de cette nature; mais la législation postérieure à la loi des XII tables ayant déféré à certaines personnes le titre d'héritier, en considération des liens du sang, sans égard au lieu de puissance, il était naturel de déclarer que la plus petite diminution de tête, qui ne détruit que le lien d'agnation, n'exercerait aucune influence sur la capacité des personnes appelées à recueillir les hérédités légitimes d'une origine récente. Ce principe est formulé de la manière suivante dans le § 2 du titre précité *de senatus c. Orphit.* : *Novæ hæreditates legitimæ capitis deminutione non pereunt, sed illæ solæ quæ ex lege XII tabularum deferuntur.*

II. — *Des frères et sœurs consanguins émancipés, des frères et sœurs utérins et des enfans des uns et des autres.* — L'émancipation, en faisant sortir l'émancipé de la famille civile, lui faisait perdre nécessairement sa qualité d'agnat. Il perdait donc par cela même le droit de recueillir, à ce titre, les hérédités *ab intestat* qui s'ouvraient dans la famille dont il avait cessé d'être membre.

Pendant les dernières années du cinquième siècle de l'ère

chrétienne, l'empereur Anastase dérogea à la sévérité de ces principes en faveur des frères et sœurs émancipés. Il les autorisa à prendre part à l'hérédité, concurremment avec les autres frères et sœurs du défunt qui avaient conservé le droit d'agnation en restant dans la famille, avec cette précision néanmoins que les émancipés devaient prendre une portion inférieure à celle des autres copartageans[*].

Ce privilége, tout personnel au frère et à la sœur, ne s'étendait même pas au degré qui suivait immédiatement, c'est-à-dire aux neveux et nièces du défunt.

L'empereur Justinien développa l'exception introduite par Anastase. En effet, 1° il attribua le droit d'agnation aux frères et sœurs utérins, 2° il appela ces derniers, ainsi que les consanguins émancipés, à prendre une portion égale à celle des consanguins restés dans la famille; 3° enfin il accorda les mêmes faveurs aux enfans du premier degré des consanguins et des utérins (*L. ult. cod. de s. c. Tertull.*, *L. 14, § 1er; L. 15, § 1er et suiv. Cod. de suis et leg. hered.*).

Ainsi, d'un côté, les sénatus-consultes Tertullien et Orphitien, en déférant aux mères l'hérédité légitime de leurs enfans et réciproquement, conférèrent le droit d'agnation à certains cognats. Il en fut de même des constitutions de Justinien à l'égard des frères et sœurs utérins et des enfans des consanguins et des utérins. D'un autre côté la constitution d'Anastase ne fit que réintégrer dans le droit d'agnation des agnats dégénérés, c'est-à-dire les frères et sœurs émancipés, qui ayant eu un jour la qualité d'agnats l'avaient plus tard perdue.

§ 3.

Des successions déférées aux Gentiles.

À défaut d'héritiers siens ou d'agnats, la loi des XII tables, on ne l'a pas oublié, appelait les *gentiles* du défunt à son hérédité. Les investigations laborieuses auxquelles se sont livrés les interprètes et les commentateurs pour obtenir sur le droit de gentilité des notions exactes, n'ont produit jusqu'ici que des résultats peu satisfaisans. Le jurisconsulte Gaius s'en était occupé dans le commentaire premier de ses Institutes, où après avoir traité de la tutelle légitime des

---

* Sur la foi de Théophile, Vinnius fixe la part des agnats au double de celle des émancipés.

agnats, il avait dû naturellement expliquer la tutelle déférée aux *gentiles*; il nous l'apprend lui-même dans le § 17 du comm. 3, puisque après avoir rappelé le principe de la loi des XII tables qui, à défaut d'héritiers siens et d'agnats, déférait l'hérédité aux *gentiles*, il ajoute : *Qui sint autem gentiles, primo commentario retulimus*. Mais par une fâcheuse coïncidence, le premier Commentaire présente une lacune précisément à l'endroit où cette matière avait été traitée.

Toutes les circonstances accessoires au droit de gentilité nous restent donc entièrement inconnues; à peine avons-nous une idée précise sur les règles à suivre pour distinguer et reconnaître les *gentiles*. La définition qu'en a donnée l'Orateur romain est la seule accréditée. Il appelait *gentiles* ceux *qui inter se eodem sunt nomine ab ingenuis oriundi, quorum majorum nemo servitutem subiit et qui capite non sunt minuti*. Ainsi communauté de nom, absence de toute servitude et de toute diminution de tête, tels étaient les caractères auxquels on pouvait distinguer les *gentiles*.

Si la famille civile se composait de la réunion de plusieurs agnats, la *gens* ou la race se composait donc de plusieurs familles. La réunion de toutes les races constituait la cité; en d'autres termes, de l'individu on passait à la famille, de la famille à la *gens* et de la *gens* à la cité *.

Établi exclusivement en faveur des familles d'origine patricienne, le droit de gentilité dut tomber en décadence en même-temps que le patriciat; la fusion des deux ordres de l'État, c'est-à-dire des patriciens et des plébéiens, devait donc naturellement entraîner l'extinction de ce privilége. Déjà, au temps de Cicéron, il avait donné lieu, dans une circonstance remarquable, à une vive controverse. Devenu fort rare à cette même époque, il était tombé dans une désuétude complète sous le règne d'Antonin-le-Pieux et de Marc-Aurèle, époque à laquelle vivait le jurisconsulte Gaïus, qui atteste ce fait dans le com. 3, § 17 de ses Institutes. **

---

* On peut consulter sur le droit de gentilité, Terrasson, histoire de la Jurisprudence Romaine, partie 2, § 7; M. Hugo, histoire du Droit Romain, tom. 1er, pag. 86 et suiv.; tom. 2, pag. 152 et 153; M. Michelet, histoire de la République Romaine, tom. 1er, pag. 145 et suivantes; et M. Quinon, professeur de Droit Romain à la faculté de Droit de Grenoble, Jus Roman. secund. ord. Inst. Imper. Justinian., tom. 1er, pag. 396 et suiv.

** V. *Hugo*, histoire du Droit Romain, tom. 1er, pag. 86, et tom. 2, pag. 152-153.

Section 2.

De l'Hérédité ab intestat *déférée par le droit prétorien,
ou des successions dévolues aux cognats.*

Les préteurs ne se bornèrent pas à mitiger certaines dispositions trop rigoureuses de la loi des XII tables. Après avoir créé dans leurs Edits deux ordres de possession de biens, le premier en faveur de enfans, le second en faveur des héritiers légitimes, mus par un sentiment d'équité naturelle, ils en ajoutèrent un *troisième* par lequel ils appelèrent les cognats du défunt à recueillir son hérédité, à défaut d'héritiers siens et d'agnats, et de tous ceux qui avaient été successivement assimilés aux uns et aux autres; *humano proposito aliam ordinem suis edictis addiderunt.* (Inst. Just. *de leg. adg. succ.,* § 3.) Le jurisconsulte Ulpien caractérisait cette possession de biens, lors qu'écrivant sur l'Edit il disait : *Hæc bonorum possessio nudam habet prætoris indulgentiam, neque ex jure civili originem habet, nam eos invitat ad bonorum possessionem qui jure civili admitti non possunt, id est cognatos* (leg 1ª, ff. und. cognat.

Les cognats incapables de succéder d'après la loi des XII tables, formèrent donc un nouvel ordre d'héritiers sous le nom de *bonorum possessores.*

En donnant cette extension aux limites trop étroites posées par la législation des décemvirs, le préteur avait eu principalement pour objet d'empêcher que le défunt restât sans héritiers, et que ses biens fussent dévolus au fisc; *id agebat ne quis sine successore moreretur.* (Inst. de bonor. possess., § 1ᵉʳ.).

Le Droit civil, en réglant la dévolution des hérédités civiles *ab intestat,* n'avait pris en considération que la parenté ou l'agnation proprement dite. Le droit des préteurs, au contraire, n'eut égard qu'à la parenté naturelle. Le *proémium* du titre 5 du livre 3 des Institutes *de success. cognat.,* pose à cet égard ce principe fondamental, en disant : *Qua parte naturalis cognatio spectatur.*

Il suivait de là, 1° que les enfans, qui, au moment de la mort de leur père naturel faisaient encore partie de leur famille adoptive, étaient appelés en troisième ordre à sa succession; 2° qu'il en était de même des enfans nés du concubinat à l'égard des hérédités *ab intestat* de leur père et de leur mère; 3° que même les enfans *vulgo quæsiti* jouissaient d'une semblable prérogative par rapport à la succession maternelle.

Pendant bien long-temps les enfans de la fille, les frères et sœurs consanguins émancipés, les utérins, et les enfans des consanguins émancipés, ainsi que des utérins, n'avaient, pour venir à l'hérédité les premiers de leurs ascendans maternels, les seconds de leurs frères et sœurs, et les troisièmes de leurs oncles ou tantes, d'autre ressource que l'édit du préteur qui les appelait en troisième ordre. Mais lorsqu'ils eurent été successivement assimilés par les sénatus-consultes et les constitutions impériales, les uns aux héritiers siens, les autres aux agnats, ils n'eurent plus besoin de recourir à la possession de biens. Venant désormais à l'hérédité légitime en premier ou en second ordre, ils pouvaient renoncer à un bénéfice dont le secours ne leur était plus indispensable pour recueillir les biens compris dans cette hérédité.

Les seuls cognats auxquels la possession de biens fut indispensable pour recueillir les biens héréditaires, furent donc, dans la ligne collatérale au troisième degré, l'oncle et la tante, et tous ceux qui se trouvaient au quatrième degré ou à des degrés inférieurs.

Le Droit civil, en déférant l'hérédité légitime aux agnats appelait, nous l'avons déjà vu, l'agnat le plus proche. Le préteur adopta le même principe dans les possessions de biens qu'il ouvrit aux cognats. Le cognat le plus proche excluait toujours le plus éloigné. Si plusieurs cognats se trouvaient au même degré, ils partageaient entr'eux par tête, c'est-à-dire par portions viriles; *gradatim autem admittuntur cognati ad bonorum possessionem, ut qui sunt primo gradu omnes simul admittantur* (L. 10 , ff. *ead. cogn.*, § 10). Mais il y a cette différence remarquable entre les agnats et les cognats, que les premiers succèdent quelque éloigné que soit leur degré de parenté avec le défunt *etiamsi longissimo gradu sint*, (*de leg. adgn. success.* § 3, *Instit.*) tandis que les seconds ne succèdent que jusqu'au *sixième degré inclusivement* (*Just. Instit.* titre précité *de succ. cogn.*, § 5). Toutes fois le même paragraphe renferme une exception à cette même règle, lorsque le défunt était éloigné de trois degrés, et le *bonorum possessor* de quatre degrés de l'auteur commun.

Les cognats qui sont appelés à la succession en troisième ordre, *tertio ordine*, d'après les règles que nous venons de poser la recueillent, nous l'avons déjà dit, sous le nom de *bonorum possessores*. Ils ne sont pas héritiers proprement dits, ils jouissent seulement de tous les avantages attachés à la qualité d'héritier comme ils en supportent toutes les charges; *loco hæredum constituuntur et vocantur* *bonorum possessores.* Cette précision recevra de nouveaux développemens dans le titre suivant spécialement consacré à la possession de biens. *

APPENDICE AU CHAPITRE II DU TITRE Ier.

Explication des Novelles cxviii et cxxvii. de Justinien.

Le droit primitif qui régissait les successions *ab intestat* avait été, comme nous l'avons vu, sensiblement modifié par les changemens successifs que lui avaient fait subir et les édits du préteur et les sénatus-consultes, et les constitutions Impériales.

L'empereur Justinien qui avait lui-même introduit de nombreuses innovations en cette partie de la jurisprudence, voulant la dégager des complications qui étaient le résultat nécessaire des dérogations apportées au droit primordial, et présenter dans un cadre resserré le droit nouveau tel que l'avaient définitivement formulé les phases si multiples de la législation, et surtout ses dernières constitutions, établit dans ses Novelles cxviii et cxxvii un système complet sur les successions *ab intestat.* Nous avons cru devoir offrir ici une analyse succincte de leurs dispositions.

Promulguée en l'an 540 de l'ère chrétienne, la Novelle cxviii se composa de six chapitres différens; elle distingua trois ordres de successions, savoir: le premier pour les descendans, le second pour les ascendans, le troisième pour les collatéraux. Les trois premiers chapitres furent consacrés au développement des règles relatives à chacun de ces ordres.

I. — *Du premier ordre de succession ou des successions déférées aux descendans.* — Justinien appela les descendans du défunt à son hérédité par préférence à tous ses ascendans et à tous ses collatéraux, n'admettant plus aucune différence entre les descendans émancipés et ceux qui étaient restés *sub potestate*, entre les enfans de la fille et les enfans du fils. Le bénéfice de la représentation fut toujours admis lorsque les descendans se trouvaient placés à des degrés inégaux de l'aïeul commun. Si plusieurs descendans du premier degré concouraient entr'eux, le partage s'opérait par tête, tandis qu'il s'opérait par souche, lorsqu'un des descendans avait recours au bénéfice de la représentation. Il en

* *Vid.* M. Hugo, Hist. du Droit Romain, tom. 1er, note de la page 429.

était de même dans le cas où plusieurs descendans du deuxième degré ou d'un degré plus éloigné concouraient entr'eux.

Les descendans recueillaient tous les biens de leur ascendant alors même que ce dernier se trouvait à l'époque de sa mort *sub alterius potestate*, avec cette précision que le chef de la famille qui avait sur lui le droit de puissance retenait l'usufruit que la loi lui attribuait sur certains biens.

II. — *Du droit de succession des ascendans.* — Lorsque le premier ordre de successions se trouvait vacant, c'est-à-dire, lorsque le défunt n'avait laissé aucun descendant, du moins habile à succéder, l'hérédité était transmise aux ascendans par préférence à tous les collatéraux, les frères et sœurs germains exceptés.

Lorsque les ascendans étaient appelés à recueillir l'hérédité, le plus proche en degré excluait le plus éloigné; on n'établissait aucune distinction ni par rapport au sexe, ni par rapport à la ligne à laquelle ils appartenaient. Existait-il plusieurs ascendans du même degré dans une même ligne, le partage s'opérait entr'eux par tête. En existait-il au même degré dans les deux lignes, on adjugeait d'abord la moitié de l'hérédité à chaque ligne sans égard au nombre des ascendans qui la composaient, et cette moitié était ensuite subdivisée entre les ayant droit de la même ligne.

Les ascendans succèdent seuls lorsqu'il n'existe pas des frères ou sœurs germains.

Dans le cas contraire, les frères et sœurs germains concourent *cum proximis gradu ascendentibus.*

Le partage s'opère par tête, de telle sorte que chacun des ascendans et des frères et sœurs aura une portion égale.

Il importe même de remarquer que le père était privé de tout droit d'usufruit sur la part dévolue aux frères et sœurs[*].

III. — *Du troisième ordre de successions dévolues aux collatéraux.* — Toujours exclus par les descendans du défunt, ses frères et sœurs germains viennent, nous l'avons vu, en concours avec les ascendans. A défaut de frères et sœurs germains, et en l'absence de tout ascendant, Justinien appela les frères et sœurs du défunt consanguins ou utérins.

---

[*] L'opinion qui fait concourir les ascendans autres que le père et la mère avec les frères et sœurs germains paraît être généralement reçue.

Il faut toutefois confesser que l'interprétation de Voet, d'après laquelle les ascendans autres que le père et la mère sont exclus par les frères et sœurs germains, repose sur de graves argumens.

Cependant le privilége accordé au double lien fut tel que le fils ou la fille des frères et sœurs germains, excluaient les frères et sœurs qui n'étaient unis au défunt que d'un seul côté.

Le principe de la représentation fut d'ailleurs admis en faveur des enfans (du premier degré seulement) des frères et sœurs prédécédés. Le partage, dans ce cas, s'opérait par souche, et les neveux et nièces ne prenaient que la part de celui qu'ils représentaient et qu'il aurait prise lui-même s'il eût recueilli personnellement l'hérédité. Mais ce droit de représentation était refusé aux enfans des frères ou sœurs, lorsque les frères et sœurs survivans se trouvaient en concours avec des ascendans. Par sa Novelle cxxvii, promulguée en l'an 548, Justinien modifia cette disposition restrictive en concédant, même dans ce cas, le droit de représentation aux enfans de frères et sœurs.

Enfin, en l'absence de frères ou sœurs et des enfans de frères ou sœurs, tous les autres collatéraux étaient appelés à la succession en raison de la proximité du degré ; lorsque plusieurs collatéraux se trouvaient placés au même degré, le partage s'opérait dans tous les cas par tête, le bénéfice de la représentation étant exclusivement réservé dans la ligne directe aux descendans, et dans la ligne collatérale aux enfans des frères et sœurs.

Nous venons de présenter l'ensemble des trois premiers chapitres de la Novelle cxviii.

Dans le quatrième, l'empereur Justinien supprime le droit d'agnation, en déclarant que désormais il n'y aurait plus de différence entre les agnats et les cognats, ou entre les parens paternels et les parens maternels, entre les mâles et les femmes.

Par les dispositions du chapitre cinquième, il rendit communs à la tutelle les principes qu'il venait de proclamer en matière de succession *ab intestat*. Enfin il déclara dans le sixième et dernier chapitre que les dispositions de la Novelle seraient exclusivement applicables aux Catholiques.

Qu'il nous suffise d'avoir proposé cette esquisse rapide des deux Novelles de Justinien. En donnant ainsi une idée générale du dernier état de la jurisprudence, nous avons complété nos aperçus sur les successions *ab intestat*. Si nous envisageons maintenant l'ensemble de cette matière, nous distinguerons facilement dans les variations de la législation trois périodes différentes : deux périodes extrêmes, dont la première embrasse le droit primitif, la seconde le droit des Novelles, et une troisième période que nous appellerons intermédiaire, parce qu'elle embrasse le droit qui sert de transition ou de lien commun entre les périodes extrêmes.

Que si de ce point de vue synthétique nous passons au point de vue historique et philosophique, nous obtiendrons les considérations suivantes, destinées à devenir le sujet de plus longs développemens dans nos explications orales.

A l'époque de la promulgation de la loi des XII tables, l'organisation de la famille, et par suite de la cité romaine, était toute virile. On remarque une ligne de démarcation nettement tracée entre les deux ordres de l'état. Le patriciat exerce une grande prépondérance. L'esprit de famille a besoin d'être entretenu, parce qu'il est considéré avec raison comme un principe fécond de force et de vie pour la cité. De là les trois ordres de succession *ab intestat*, établis par les décemvirs ; ils sont l'expression de ces trois idées fondamentales : 1° déférer les biens ou plutôt les maintenir aux héritiers siens qui en sont censés déjà saisis pendant la vie de leur auteur ; 2° à défaut d'héritiers siens, conserver les biens dans la famille agnatique du défunt ; 3° enfin, à défaut d'agnats ou lorsque l'agnat le plus proche ne recueille pas l'hérédité, faire passer les biens de la famille à la race, en appelant les *gentiles* à l'hérédité, et perpétuer par ce moyen les richesses des familles patriciennes, qui seules, comme nous l'avons déjà vu, jouissaient du droit de gentilité.

Telle est en résumé l'économie progressive des considérations politiques sur lesquelles reposait l'ordre des successions réglé par la loi des XII tables.

Plus tard les préteurs sont institués ; ils s'empressent de mitiger les dispositions du droit civil par les tempéramens de l'équité. Bientôt leurs décisions appropriées à l'exigence et à l'infinie variété des espèces particulières exercent, sur les successions *ab intestat*, une influence sensible. La possession de biens qu'ils n'accordaient d'abord que *causâ cognitâ*, érigée ensuite par leurs édits en droit normal, vient d'un côté augmenter dans certains cas les droits des héritiers légitimes ; d'un autre côté elle améliore, quoique d'une manière inégale, la condition des enfans émancipés, des adoptés ou des adrogés, faisant partie de leur famille adoptive à l'époque de la mort de leurs ascendans naturels, des femmes auxquelles le droit postérieur à la loi des XII tables refusait accès à l'hérédité légitime : elle ouvre d'ailleurs à tous les cognats en général un troisième ordre de succession.

Le patriciat tombe en décadence ; avec lui le droit de gentilité s'éteint. La suppression d'injustes préférences décrétée sous le règne d'Antonin-le-Pieux, de Marc-Aurèle et de Commode, par les sénatus-consultes Tertullien et

Orphitien, appelle les mères à l'hérédité légitime de leurs enfans, et réciproquement. Anastase restitue aux frères et sœurs émancipés le droit d'agnation. Justinien le confère aux enfans des émancipés, aux frères et sœurs utérins et à leurs enfans. Avant Justinien, Théodose avait appelé les enfans de la fille concurremment avec les enfans du fils à l'hérédité de l'auteur commun. Ainsi le lien de puissance s'affaiblit et s'altère, tandis que le lien du sang confère successivement de nouveaux avantages.

Fécondée pendant la période intermédiaire par les edits des préteurs, les décrets du sénat et les constitutions des Empereurs, favorisée par le contact de la civilisation romaine avec la civilisation étrangère, mûrie surtout par les doctrines bienfaisantes du Christianisme, la réforme s'accomplit et se dessine tout entière dans les Novelles de Justinien. D'après les derniers monumens législatifs de ce prince, une nouvelle organisation de la famille succède à l'ancienne. Le droit d'agnation est supprimé. Le lien du sang remplace le lien de puissance, et l'influence de la raison politique disparaît en présence des exigences du droit naturel.

TITRE SECOND.

De la Possession de biens, *considérée comme la seconde manière d'acquérir la propriété des choses par* universitatem.

Les observations que nous avons proposées sur les successions *ab intestat* dévolues par le préteur, en troisième ordre, aux plus proches cognats du défunt, ont dû nous donner une notion première de la possession de biens.

Ces possessions avaient lieu non seulement dans les hérédités *ab intestat*, mais encore dans les hérédités testamentaires; il importe donc de traiter ici cette matière dans son ensemble avec d'autant plus de raison que les rédacteurs des instituts de Justinien, en suivant la marche tracée par le jurisconsulte Paul dans le titre 28 de ses *Fragmens*, lui ont consacré un titre spécial, *le titre* 40 *du Livre* 3 *de bonorum possessionibus.* Les principes dont nous allons exposer l'analyse s'appliqueront donc, sous les modifications qui suivent, à l'hérédité testamentaire comme à l'hérédité *ab intestat*; nous compléterons ainsi nos théories sur les deux espèces de successions.

Pour embrasser à cet égard l'économie des diverses dispositions disséminées dans le titre des Instituts et dans les titres 1ᵉʳ et suivans du liv. XXXVII du Digeste, nous proposerons la méthode suivante qui nous a paru conforme à la progression naturelle des idées.

1° Examiner le caractère de la possession de biens en général et les motifs qui la firent introduire par le préteur ; 2° déterminer les divers cas dans lesquels il était permis de demander la possession de biens et en énumérer les différens ordres et les différens degrés ; 3° indiquer dans quelle forme et dans quels délais il fallait la demander ; 4° préciser enfin les droits qu'elle conférait lors qu'elle avait été accordée.

Reprenons cet examen.

I. — *Des divers caractères de la possession de biens*, etc. — Le jurisconsulte Ulpien nous donne une juste idée de la possession de biens dans la loi 3, ff. *de bonor. possess.* lorsqu'il la définit : *jus persequendi retinendique patrimonii sive rei quæ cujusque, cum moritur, fuit.*

Il ne faut pas donner ici au mot *possession*, l'acception qu'il reçoit lorsqu'il se trouve employé dans des matières de droit commun. La possession ordinaire en effet, consiste plus en fait qu'en droit, tandis que la possession de biens dont nous parlons actuellement est au contraire plus de droit que de fait, *est juris magis quam corporis.* Cette observation faite par Ulpien après Labéon est loin d'être sans importance. (*L.* 3, § 1er, ff. *ibid.*)

Que si nous voulons connaître les motifs qui déterminèrent le préteur à introduire la possession de biens, nous les trouverons énoncés dans le proémium du tit. 10 precité, liv. III des Institut. de Justinien, *de bon. possess.*, ainsi conçu : *Jus bonorum possessionis introductum est à prætore emendandi veteris juris gratia.* On lit encore dans le même texte : *Aliquando tamen neque emendandi neque impugnandi veteris juris, sed magis confirmandi gratia prætor pollicetur bonorum possessionem.* Ainsi tantôt tempérer ou corriger les dispositions de l'ancien droit et tantôt au contraire les compléter, tel fut le double objet d'une institution qui reçut de si féconds développemens.

L'énumération des divers cas dans lesquels il y avait lieu à la possession de biens va nous faciliter l'intelligence de la proposition qui précède.

II. — *Des divers cas*, etc., etc. — Ici une grande division s'offre naturellement à notre esprit, imitant en cela l'ordre suivi par le préteur dans son Édit, nous envisagerons en premier lieu la possession de biens en matière d'hérédité testamentaire, et en second lieu, en matière d'hérédité *ab intestat : et quum de testamentis prius locutus est prætor, ad intestatos transitum fecit*, dit le § 2 du titre precité des Inst. *de bon. posses.*

DE LA POSSESSION DE BIENS DANS LES HÉRÉDITÉS TESTAMEN-
TAIRES. — Il y avait lieu à cette possession dans les cas suivans :

1° En faveur des descendans émancipés prétérits dans le testament de leur ascendant paternel. La possession de biens prenait dans ce cas le nom de *bonorum possessio contra Tabulas*, parce qu'elle avait pour objet d'aller à l'encontre du testament, c'est-à-dire de le renverser. (*Inst. liv.* 2, *tit.* 13, § 3, *de exhered. liber.*, et *Ulp. fragm. tit.* 28, *de posses-dandis*, § 1er).

2° Lorsque le testament était nul d'après le Droit civil, s'il se trouvait d'ailleurs revêtu de toutes les formalités prescrites par le droit prétorien, l'institué réclamait alors l'hérédité sous le nom de possession de biens. Cette possession de biens, l'inverse de la première, puisqu'elle avait pour résultat l'exécution du testament, était connue sous le nom de *bonorum possessio secundum Tabulas ; etiamsi jure civili non valeat testamentum forte quod familiæ mancipatio vel nuncupatio defuit, si signatum testamentum sit, non minus quam septem testium civium Romanorum signis, bonorum possessio datur. Ulp. frag. tit. XXVIII. § 6.*

3° Ce n'est pas assez, nous l'avons reconnu en parlant de l'hérédité testamentaire, qu'un testateur ait le droit de tester et à l'époque de la confection du testament et à l'époque de son décès ; il faut encore, d'après le Droit civil, qu'il jouisse de la même capacité *tempore intermedio*. Moins rigoureux, le droit honoraire n'exigeait la faction active qu'à l'époque de la confection du testament et à l'époque du décès du testateur. L'héritier institué avait dès-lors la faculté de demander la possession de biens *secundam Tabulas* toutes les fois que le testateur avait perdu pendant la période intermédiaire la capacité de tester qu'il avait recouvrée *tempore mortis*. (*Inst. liv.* 2, *tit.* 17, *quib. mod. test. infirm.*, § 6).

4° Le Droit civil ne permettait au testateur d'instituer que les posthumes siens, nous l'avons constaté, en traitant des personnes à qui on pouvait valablement léguer.

Les posthumes étrangers institués ne pouvaient réclamer que la possession de biens *secundam Tabulas*, lorsqu'ils avaient été institués par le testateur. (*Just. inst. liv.* 2, *de leg*, § 22, *et liv.* 3, *tit* 10, *de bon. possess. ad proem*). Cependant il ne faut pas oublier qu'une constitution de Justinien permit d'instituer les posthumes étrangers (*Inst. de legat.* § 27).

Dans toutes les hypothèses que nous venons d'énumérer on s'aperçoit facilement que la possession de biens avait été introduite pour corriger le Droit civil, *juris civilis emendandi gratia*, soit que dans la première de ces hypothèses il accordât aux descendans émancipés des avantages attribués exclusivement aux descendans maintenus *sub potestate*, soit que dans la seconde et dans la troisième, il protegeât l'exécution du testament nul aux termes du Droit Civil, soit enfin que dans la quatrième et dernière, il permit d'instituer des posthumes auxquels le même droit avait jusqu'à Justinien refusé un semblable privilège.

Toutefois la possession de biens dans les successions testamentaires n'avait pas été exclusivement admise *juris civilis emendandi gratia*. Les préteurs en effet avaient accordé aussi le droit de la demander même aux héritiers institués par un testament valable selon le Droit Civil, *omnibus jure scriptis hæredibus* (§ 2, *ibid.*).

Cette possession de biens, connue aussi sous le nom de *Bonorum possessio secundum Tabulas*, avait été évidemment admise par des motifs contraires à ceux qui avaient fait introduire la possession de biens dont nous avons déjà parlé ; car son objet était, non plus de corriger le Droit Civil, mais au contraire d'appuyer ses dispositions et de suppléer à leur insuffisance.

On se demande naturellement quels priviléges, dans ce cas, la possession de biens pouvait procurer à un héritier régulierement institué ?

La réponse à cette question se trouve dans l'analyse de plusieurs textes d'après lesquels la possession de biens était plus avantageuse pour les institués que le testament, soit parce que, en vertu de cette possession, l'institué pouvait user de l'interdit *quorum bonorum*, ou acquérir plus facilement l'hérédité, soit enfin parce qu'il n'était obligé qu'à payer les legs faits à certaines personnes seulement. *Just. Inst. liv. IV, tit. 15, de interd.*, § 1er et 3, et *l. 3, ff. § 7, de bon. possess.*).

En resumé la possession de biens avait lieu dans les successions testamentaires, tantôt *contra Tabulas*, tantôt *secundum Tabulas*, tantôt pour corriger l'ancien droit, tantôt pour suppléer à son insuffisance.

De la Possession de biens dans les hérédités *ab intestat*. — A l'imitation des décemvirs qui, dans la loi des XII tables avaient établi divers ordres de succession, le préteur, dans son édit, créa plusieurs degrés en matière de possession de biens dans les successions *ab intestat. Complures gradus prætor fecit in bonorum possessionibus dandis..... eas per ordinem disposuit* (§ 3, *ibid.*).

Pour exposer avec quelque lucidité des théories, qui, de l'avou de tous les interprètes, sont susceptibles de donner lieu aux plus sérieuses controverses, et surtout pour rendre plus facile l'intelligence d'un des textes les plus obscurs des Institutes de Justinien , c'est-à-dire du § 2 du titre précité *de bon. posses.* , nous distinguerons la possession des biens avec patronat des possessions sans patronat , ou plutôt nous distinguerons trois espèces de successions *ab intestat.* 1° La succession d'un ingénu ; 2° la *succession* d'un ingénu émancipé par un étranger ; 3° la succession d'un affranchi.

1° *De la succession d'un ingénu, ou des possessions de biens sans patronat.*

Dans une succession de cette espèce ouverte *ab intestat,* on distinguait quatre espèces de possessions de biens.

En premier ordre , venait la possession *unde liberi* , déférée aux héritiers siens et aux personnes assimilées par le préteur aux héritiers siens à l'égard de la succession de leurs ascendans.

En deuxième ordre , la possession *unde legitimi* attribuée à tous les agnats du défunt , et plus généralement à tous ceux qui avaient acquis le droit d'agnation , d'après les sénatus-consultes ou les autres élémens du Droit , en un mot à tous ceux qui pouvaient être héritiers d'après le Droit Civil. *Hæc autem bonorum possessio omnem vocat qui ab intestato potuit esse hæres , sive lex XII tabularum eum legitimum hæredem faciat , sive alia lex senatusve consultum* (L. 2 , § 4 , ff. *unde legitimi*).

En troisième ordre , la possession de biens *unde cognati* , ouverte à tous les cognats du défunt en raison de la proximité du degré , *proximitatis nomine.*

En quatrième ordre , la possession *unde vir et uxor* , introduite en faveur de l'époux légitime survivant.

Intestati hi gradus vocantur : primùm sui hæredes , secundò legitimi , tertio proximi cognati , deindè vir et uxor , dit le jurisconsulte Modestinus dans la l. 1re , ff. *Quis ordo possessionum servetur.*

Avant de passer à la succession des fils de famille émancipés par un étranger , il importe de faire quelques observations sur la gradation dans l'ordre observé pour les possessions de biens.

Parmi les successibles qui étaient distribués , comme nous venons de le voir , en quatre cathégories , il en est qui , exclus par le droit civil , ne pouvaient recueillir l'hérédité , dans l'ordre que nous avons gradué , qu'en vertu des dispositions du Droit Prétorien. Par exemple , pour le premier ordre , les descendans émancipés ; pour le troisième , les cognats ; pour le quatrième , le conjoint survivant ; le préteur avait donc tempéré vis-à-vis d'eux les principes du Droit Civil.

Il n'en était pas de même des descendans qui étaient

héritiers siens d'après le Droit Civil, des collatéraux qui avaient toujours conservé intacts le droit d'agnation, et des cognats que le sénatus-consultes Tertullien et Orphitien avaient assimilés aux agnats. Les premiers venaient en effet à la succession d'après le Droit Civil, en premier ordre ; les autres en second ordre, en qualité d'agnats. Ils venaient donc les uns et les autres du Droit Civil et non du droit honoraire, le degré dans lequel ils étaient appelés.

Toutefois le préteur avait cru devoir les comprendre dans la classification que nous venons d'exposer, parce qu'ils avaient, quoique héritiers d'après le Droit Civil, intérêt à demander dans l'ordre proposé la possession de biens. Gaïus a expliqué cet intérêt lorsqu'il dit : *item ab intestato hæredes suos et agnatos ad bonorum possessionem vocat ; quibus casibus beneficiam ejus in eo solo videtur aliquam utilitatem habere, quod is qui ita bonorum possessionem petit, interdicto cujus principium est quorum bonorum uti possit.* La possession de biens avait donc, dans ce cas, pour objet d'appuyer les dispositions du droit civil.

2° Des possessions de biens avec patronat.

Elles peuvent s'ouvrir dans les successions des ingénus émancipés et dans les successions des esclaves affranchis par leurs maîtres.

Des successions des ingénus émancipés. — L'histoire du Droit nous a déjà appris qu'avant Justinien, lorsqu'un père de famille voulait émanciper un de ses descendans, il était obligé de le manciper à un étranger (par une ou trois mancipations, selon le sexe ou le degré de l'enfant) ; et que dans le cas où l'émancipation n'avait pas été faite *contracta fiducia*, l'étranger, acheteur fictif, émancipait l'enfant, et acquérait par là, sur sa personne et ses biens, les droits de patronat.

Un des droits les plus précieux attribués aux patrons était celui de succession, lorsque l'affranchi décédait *intestat*, ne laissant pas des héritiers siens. De là il fallait donc conclure que si l'émancipé décédait *intestat* sans laisser des héritiers siens, l'étranger émancipateur, *extraneus manumissor*, considéré comme patron, recueillait la succession par préférence à tous les autres parens du défunt. Cette jurisprudence parut injuste au préteur, qui la modifia en accordant la possession de biens à un certain nombre des parens de l'émancipé, par préférence à l'étranger émancipateur. On peut dès-lors établir dans ces sortes de successions la gradation suivante, par rapport à l'ordre dans lequel les successibles pouvaient demander la possession de biens.

Au premier rang, étaient appelés les héritiers siens de l'émancipé, avec le droit de réclamer la possession de biens *unde liberi*. Au deuxième rang venaient *dix personnes* énumérées dans le texte du § 2 de votre titre (auxquelles le préteur donna la préférence sur l'*extraneus manumissor*), avec la faculté de demander la possession de biens *unde decem personæ*. Au troisième rang se trouvait placée la possession de biens *unde legitimi* accordée à l'émancipateur étranger * ; au quatrième venaient les cognats les plus proches de l'émancipé autres que ceux qui venaient en deuxième ordre, *unde cognati* ; au cinquième rang le conjoint légitime survivant, *unde vir et uxor* ; au sixième et dernier degré, les cognats de l'émancipateur, *unde cognati manumissoris*.

Des successions des esclaves affranchis par leurs maîtres. — Nous venons de le voir, la succession des affranchis était dévolue en premier ordre, *unde liberi*, à ceux de ses descendans héritiers siens. En second ordre étaient appelés *unde legitimi*, le patron, la patrone, et les enfans du patron en qualité d'héritiers légitimes ; en troisième ordre, *tum quem ex familia*, les agnats du patron ** ; en quatrième ordre, *unde patroni patronæque et parentes eorum*, le patron, la patrone, leurs enfans et leurs ascendans, sans aucune distinction entre ceux qui seraient héritiers légitimes ou qui ne le seraient pas ; en cinquième ordre, *unde vir et uxor*, l'époux survivant ; enfin en sixième et dernier ordre, *unde cognati manumissoris*, les cognats du patron.

La législation de Justinien fit éprouver de nombreux changemens à l'édit du préteur qui avait ainsi classifié la possession de biens. Ce prince modifia, comme on le sait, les principes de l'ancien Droit, relatifs à l'émancipation, en disposant que dans tous les cas elle serait censée faite *contractâ fiduciâ*, et que dès-lors le droit de patronat serait toujours réservé aux ascendans émancipateurs. Il assimila en outre les successions des affranchis aux successions des ingénus ***. La conséquence nécessaire de ces dérogations à la

---

* L'*extraneus manumissor*, qui était assimilé à un patron ordinaire, pouvait, en qualité d'héritier légitime, réclamer la possession de biens *unde legitimi*.

** Pour l'explication de ces classifications, nous rendrons compte à nos auditeurs des interprétations divergentes 1° de Théophile dont Vinnius et M. Ducaurroy ont reproduit l'opinion ; 2° d'Alenat ; 3° de M. Hugo.

*** Cette assimilation ne fut cependant pas pleine et entière (Inst. § 3, *ibid.*).

jurisprudence antérieure, entraîna l'abrogation des possessions de biens, *unde decem personæ, tum quem ex familia, unde patroni et unde patronæ, et unde cognati manumissoris*, auquel le texte précité des Institutes assigne les 3e, 5e, 6e et 8e rangs. On ne reconnaît plus dès-lors en matière de succession *ab intestat*, ainsi que nous l'apprend Justinien lui-même dans l'exposé historique du § 3, *ibid.*, que quatre ordres de possession de biens: 1° *unde liberi*, 2° *unde legitimi*, 3° *unde cognati*, 4° *unde vir et uxor*.

Dans les successions testamentaires les possessions *secundum Tabulas* et *contra Tabulas* furent maintenues.

Justinien conserva encore une autre possession de biens que le préteur avait établie dans son édit le plus récent, et qu'il avait désignée sous le nom de *bonorum possessio* UTI EX LEGIBUS. Considérée comme un dernier secours, comme un remède extraordinaire, *quasi ultimum et extraordinarium auxilium*, elle était accordée à tous ceux qui d'après les lois, le sénatus-consultes et les constitutions impériales étaient appelés par le droit nouveau à l'hérédité testamentaire ou *ab intestat*. La possession de biens *uti ex legibus* ne se confondait pas avec la possession de biens *unde legitimi*, en ce sens que la seconde se donnait *ab intestat* à tous ceux que le Droit Civil reconnaissait comme héritiers légitimes, tandis que pour obtenir la première, il fallait que le Droit Civil déférât spécialement la possession de biens [*].

Dans nos explications orales, nous ajouterons à cet aperçu sommaire des diverses classes de possessions de biens, l'exposé des différences qui existaient entre la *bonorum possessio* EDICTALIS et la *bonorum possessio* DECRETALIS, en résumant à cet égard les théories développées par Vinnius dans son commentaire sur le § 3 précité des Institutes de Justinien.

III. — *En quelle forme et dans quel délai la possession de biens devait-elle être demandée ?* — Pendant bien longtemps, pour obtenir la possession de biens, il fallait se présenter devant le préteur et la demander en prononçant des paroles sacramentelles. Dans le quatrième siècle de l'ère chrétienne, l'empereur Constance supprima la nécessité de ces formules et conféra à tous les juges en général, le droit d'accorder la possession de biens, quelle que fût la manière dont les parties intéressées eussent manifesté l'intention de l'obtenir, pourvu toutefois que la demande eût été formée

[*] M. Ducaurroy, Instit. expliq., tom. 2, page 389.

dans un délai déterminé (L. 9, *Cod. qui adm. ad bon. possess. possint*).

Ce délai était d'un an pour les descendans et pour les ascendans, et de 100 jours pour les agnats et pour les cognats. Les ascendans et les descendans jouissaient d'un délai plus long que celui qui avait été accordé aux collatéraux du défunt, *in honorem sanguinis videlicet*, (loi 1re ff. *de success. edict.*), *quia arctandi non erant qui pene ad propria bona veniunt*. On ne comprenait dans la computation des délais que les jours pendant lesquels l'ayant droit à la succession avait pu la réclamer, *in petenda bonorum possessione dies utiles singuli considerantur*. (*Instit. de Just. tit.* 10, *de bon. poss.* § 4.) La différence qui existait entre les *dies utiles* et les *dies continui* est si connue, que nous avons jugé inutile d'en donner ici l'explication.

Pourquoi le préteur avait-il déterminé ainsi le délai pendant lequel la possession de biens devait être demandée sous peine de déchéance ? Le § 3 des Institutes de Justinien (*ibid.*), va nous l'apprendre. Les créanciers du défunt ont toujours intérêt à ce que le titre d'héritier ne reste pas trop long-temps incertain, parce qu'il leur importe de connaître la personne contre laquelle ils pourront exercer leurs actions, *habere quos conveniant*. D'un autre côté, nous l'avons vu, on distinguait plusieurs degrés dans la possession de biens. Ceux qui n'occupaient que des degrés inférieurs étaient donc intéressés à ce que les successibles appelés avant eux fissent connaître promptement leur intention d'accepter ou de répudier. En effet dans le cas où les successibles du premier degré répudiaient la possession de biens ou ne la réclamaient pas dans le délai fixé, la portion qui leur seraient échue, s'ils l'eussent réclamée, profitait par voie d'accroissement à la part de leurs co-successibles du même degré qui exerçaient leurs droits. A défaut de co-successible du même degré, la faculté de réclamer était acquise comme par une espèce de substitution vulgaire au successible du degré suivant, *successorio ordine*, comme si le successible qui le précédait *ex eo numero non esset*. (§ 4. *Ibidem.*)

Il faut toutefois remarquer que la répudiation d'un successible, ou son silence pendant le délai fixé, ne le privait pas du droit de demander plus tard la succession à un autre titre, lorsqu'il cumulait sur sa tête plusieurs qualités différentes. Ainsi, d'après l'exemple proposé dans le § 11 de la loi 1re ff. *de success. edict.*, l'enfant *in potestate* qui a répudié la possession de biens *unde liberi*, n'en a pas moins la faculté de réclamer plus tard la possession de biens *unde legitimi*, au moyen de laquelle il sera préféré à tous les autres agnats du défaut ; et s'il a répudié la possession *unde legitimi*, de la demander plus tard *unde proximi cognati* et d'exclure tous les autres cognats. Le principe que la répudiation d'un successible d'un degré supérieur transmet le droit de demander la possession de biens au successible placé dans le degré suivant par voie de dévolution successive, n'est donc vrai, que dans le cas où le successible qui a répudié ou omis de se pourvoir dans le délai, ne peut pas demander la possession de biens à un autre titre.

En résumé on distinguait trois ordres de possessions de biens, dont l'ordre respectif n'était rien moins qu'arbitraire, savoir : 1°, *Contra Tabulas.* — 2° *Secundam Tabulas.* — 3° enfin *Intestato.*

L'une n'était accordée qu'à défaut de l'autre. Ainsi par exemple, en l'absence de la *bonorum possessio contra Tabulas*, on passait à la *bonorum possessio ab Intestato*[*].

Ensuite dans chacune de ces possessions, on avait égard au degré respectif qu'occupaient les appelés.

IV. — *Des effets de la possession de biens obtenue.* — Nous avons été amenés à en faire plusieurs fois l'observation. Les préteurs ne pouvaient pas par leurs édits conférer la qualité d'héritiers à ceux à qui le Droit Civil la refusait. Les successibles qui avaient obtenu la possession de biens, privés du titre d'héritiers, n'étaient donc que *loco hæredum*, désignés sous le nom de *bonorum possessores.* En cette qualité, ils n'en étaient pas moins saisis de tout l'émolument de l'hérédité comme ils étaient grevés de toutes ses charges. *Bonorum possessio admissa, commoda et incommoda hæreditaria, itemque dominium rerum quæ in his bonis sunt tribuit, nam hæc omnia bonis sunt conjuncta*, dit le jurisconsulte Ulpien dans la loi 1re, ff. *de bon. poss.* Le jurisconsulte Paul professe une doctrine semblable dans la loi 117, ff. *de div. reg. juris*, ainsi conçu : *Prætor bonorum possessorem hæredis loco in omni causâ habet.* Les dettes actives et passives de l'hérédité, ne reposant de plein droit que sur la tête de l'héritier investi de cette qualité par le Droit Civil, le possesseur de biens se voyait forcé à recourir à des actions fictives, lorsqu'il voulait réclamer une dette active de l'hérédité, et réciproquement les créanciers de l'hérédité étaient soumis à la même formalité, lorsqu'ils voulaient agir contre le possesseur de biens. *Hi quibus ex successorio edicto bonorum possessio datur, hæredes quidem non sunt, sed hæredis loco constituuntur beneficio*

[*] Hugo, Hist. du Droit Romain, tom. 2, pag. 412.

prætoris ; ideoque seu ipsi agant, seu cum his agatur, fictitiis actionibus opus est, in quibus heredes esse fingantur (Ulp. frag., tit. XXVIII, § 12). C'était là une des dissemblances qui séparaient l'hérédité déférée par le Droit Civil, de l'hérédité déférée par le droit Prétorien.

Nous remarquerons, en terminant ces matières, que d'après le § 13 du titre précité, on distinguait la *bonorum possessio cum re*, de la *bonorum possessio sine re*. Les exemples proposés par le jurisconsulte Gaius dans les §§ 35 36 et suiv. du comm. 3 de ses Institutes à l'appui de cette distinction, nous dispensent du soin de la développer.

TITRE TROISIÈME.

De l'Arrogation considérée comme une manière d'acquérir la Propriété des choses *Per universitatem*.

TITRE QUATRIÈME.

De l'*Addictio bonorum libertatum conservandarum causa*, considérée comme un autre manière d'acquérir la propriété *per universitatem*.

Nous avons cru devoir nous borner à mentionner ici ces deux Titres qui forment le complément nécessaire du cadre que nous avons tracé à l'égard de la 1re Subdivision.

Pourquoi aurions-nous donné des développemens à ces matières qui n'offrent pas d'ailleurs un grand intérêt, alors qu'il suffit, pour en avoir une idée exacte, de lire attentivement les textes du Tit. XI *de acquisit. per arrogationem*, et du Tit. XII, *de eo cui libertat. causâ bona addic.* du Liv. 3, des Institutes de Justinien ?

QUATRIÈME PARTIE.

Des modes d'acquisition SINGULARUM RERUM, *dérivant du Droit Civil.*

En exposant les règles relatives à l'hérédité *testamentaire* et *ab intestat*, à la *bonorum possessio*, à l'*adrogatio* et à l'*addictio bonorum libertatum conservandarum causâ*, nous avons parcouru les principaux modes d'acquisition *per universitatem*; ils appartiennent tous au Droit Civil, à l'exception de la *bonorum possessio* qui appartient au droit honoraire.

Nous devons maintenant parler des manières d'acquérir, d'après le Droit Civil, *singulas res*.

Le deuxième livre des Institutes de Justinien nous offre deux titres consacrés spécialement au développement des théories relatives à deux de ces modes d'acquisition, savoir : le titre sixième *de usucapionibus et longi temporis præscriptionibus*, et le titre septième *de donationibus*.

Sans doute il faut encore classer parmi les mêmes manières d'acquérir et les legs et les fidéi-commis à titre particulier; * mais nous avons déjà traité ces matières dans l'Appendice qui fait suite au Chapitre de l'hérédité testamentaire; il ne nous reste donc plus à parler ici que des usucapions et des donations **.

Cette quatrième partie devra se diviser naturellement en deux titres.

TITRE PREMIER.

Des USUCAPIONS *et des* PRESCRIPTIONS *Longi Temporis.*

Les rédacteurs des Institutes de Justinien ont traité sous la même rubrique les usucapions et les prescriptions *longi temporis*. Cette méthode pouvait bien ne pas avoir de grands inconvéniens à l'époque où ce recueil des élémens du droit

---

* Ulpien présente dans ses Fragmens, Tit. 19, *de Domin. et adquisit. rerum*, une classification plus complète des manières d'acquérir *singulas res.*

** Nous avons conservé cet ordre pour ne pas trop intervertir celui des Institutes, bien que nous reconnaissions que la matière des Donations trouverait plus naturellement sa place à côté des Obligations.

fut promulgué, puisque l'usucapion et les prescriptions *longi temporis* venaient d'être confondues, pour ne plus former qu'une seule et même manière d'acquérir. Excusable de la part de compilateurs qui n'attachaient pas à leurs classifications une grande importance, cette marche ne saurait convenir au jurisconsulte, qui tomberait nécessairement dans de graves erreurs, en plaçant sur la même ligne deux manières d'acquérir si différentes par leur origine et par leurs effets, et en généralisant des principes qui furent si long-temps spéciaux.

Il nous a donc paru plus rationnel, et surtout plus conforme à la méthode historique, d'adopter un plan entièrement opposé, c'est-à-dire de traiter dans une première section des règles spéciales à l'usucapion; dans une seconde section des principes propres à la prescription *longi temporis*; et dans une troisième section du mélange de l'ancienne usucapion et de la prescription, qui s'opéra dans les premières années du règne de Justinien.

Section 1re

Des règles spéciales à l'usucapion.

L'*Usucapion* (usu capere) définie par le jurisconsulte Modestinus dans la loi 3e ff. de *usurpationibus et usucapionibus : dominii adjectio per continuationem possessionis temporis lege definiti*, remonte au berceau de la jurisprudence Romaine, puisque ses règles principales se trouvent tracées dans la loi des XII Tables.

L'usucapion eut, jusqu'à Justinien, un double objet; 1° celui de transformer en domaine quiritaire le domaine bonitaire des choses *mancipi*, livrées au possesseur par le propriétaire ; 2° celui de consolider sur la tête du possesseur de bonne foi la propriété des choses qui lui avaient été livrées *à non domino quem dominum esse credebat*.

Relativement au premier de ces objets, on n'a pas perdu de vue que le domaine Quiritaire, *jus quiritium, dominium quiritarium*, ne s'acquérait que par des modes de transmission réglés par la loi civile, tels que la *mancipatio* ou la *cessio in jure*. A défaut de l'une d'elles, le possesseur qui n'avait en sa faveur que la simple tradition, privé du domaine quiritaire, avait seulement la chose *in bonis*. Mais s'il la possédait pendant le délai dont nous parlerons bientôt, son domaine *Bonitaire* se convertissait, au moyen de l'*usucapion*, en domaine *Quiritaire*. L'usucapion suppléait donc dans ce cas la *mancipatio* ou la *cessio jure* (Gaï. Inst., comm. 2, § 41). Dans cette espèce particulière d'usucapion le possesseur, comme on le voit, tenait la chose de son légitime propriétaire, tandis que dans l'usucapion dont nous allons tracer les principes, le possesseur avait reçu la chose d'un autre que le propriétaire.

Contraire à l'équité naturelle, l'usucapion fut admise par le Droit Civil sous l'influence d'une considération d'intérêt public; *bono publico usucapio introducta est, ne scilicet quarumdam rerum diu, et fere semper incerta dominia essent, cum sufficeret dominis ad inquirendas res suas statuti temporis spatium.* Ce temps fixé par la loi des XII tables était fort bref, puisque l'usucapion s'accomplissait par le délai d'un an pour les choses mobilières et par le délai de deux ans pour les choses immobiliaires (*Gaius, ibid.*, § 42). Les décemvirs avaient donc pensé qu'il était urgent de ne pas laisser la propriété de certaines choses flotter trop long-temps incertaine, et que c'était assez faire dans l'intérêt du propriétaire que de lui accorder le délai dont nous venons de parler, pour agir en revendication.

Toutefois l'usucapion avait été subordonnée au concours de plusieurs conditions qui se rapportaient, ou à la *chose* qu'il s'agissait d'usucaper ou à la *personne* qui voulait usucaper.

§. Ier.

Des conditions qui se rapportent à la chose.

La chose devait être susceptible d'usucapion, et toutes ne l'étaient pas indistinctement. Les choses non susceptibles d'usucapion sont généralement désignées sous le nom de *choses vicieuses*, *res vitiosæ* ; *novissime sciendum est rem talem esse debere, ut in se non habeat vitium ut à bonæ fidei emptore usucapi possit, vel qui ex aliis causa justa possidet* (*Just. Inst. de usucap.*, § 10). Les obstacles qui s'opposaient à l'usucapion de certains objets, provenaient ou de la nature même de ces objets, ou de leur destination particulière, ou de la qualité de leurs propriétaires, ou de la manière dont ils étaient passés entre les mains du détenteur primitif.

1° Des obstacles à l'usucapion provenant de la *nature* même des choses. L'usucapion, nous aurons bientôt occasion de développer cette pensée, ne pouvait avoir lieu sans le secours de la possession, *sine possessione usucapio contingere non potest* (*Gaï. l. 23, ff. de usurp. et usucap.*). De là cette conséquence qu'elle s'appliquait *principalement* aux choses corporelles ; *usucapionem recipiunt maxime res cor-porales* , dit le même jurisconsulte dans la loi 9. , *ibid.* Lorsque nous parlerons des servitudes , nous examinerons sous quels rapports l'usucapion leur fut applicable dans les différentes phases de la jurisprudence romaine.

Ne pouvaient être usucapées, 2° à cause de leur *desti-nation*, l'entrée des lieux consacrés à la sépulture , *forum id est vestibulum sepulchri* (*Cicero. de leg.* 2 , 24) ; les cinq pieds de terrain placés sur les limites des deux champs (*ibid.* , 1 , 21).

3° A cause de leurs *rapports négatifs avec le droit de propriété* , les hommes libres , les choses sacrées et religien-ses (Gai. Inst. comm. 2 , § 48).

4° A cause de leur *situation*, les biens fonds situés dans les provinces (Gai. Inst. com. 2, § 46).

5° A cause de *la qualité de leur propriétaire*, les choses *mancipi* appartenant aux femmes placées sous la tutelle de leurs agnats , sauf l'exception consignée dans le § 47 des Institutes de Gaïus , *ibid.* ; les choses appartenant aux pu-pilles , aux cités , au peuple romain , au fisc.... (*Loi* 9, ff. *de usurp. et usuc.* , *l.* 48, ff. *de acquir. rer. domin.* — *Just. Inst.* , § 9 *de usucapionibus*).

6° Enfin à cause de *la manière dont elles étaient passées entre les mains du détenteur primitif*, les choses volées et celles dont on s'était emparé par violence , *res furtivæ* et *vi possessæ* *. La loi des XII tables et la loi *Atilia* avaient , en effet , prohibé l'usucapion des premières , et la loi *Julia* et *Plautia* l'usucapion des secondes , ainsi que l'atteste Justi-nien dans le § 2 de ses Institutes , *ibid.* L'esclave fugitif , *servus fugitivus*, se trouvait compris dans le nombre des choses volées , parce qu'en se dérobant par sa fuite à la puissance de son maître , il était censé commettre un vol de sa propre personne (*Ibid.* , § 1er.).

Les prohibitions fondées sur les lois *Atilia*, *Julia* et *Plautia*, dont nous venons de parler , sont devenues l'ob-jet , dans les Institutes de Justinien, de quelques dévelop-pemens qu'il n'est pas inutile de reproduire. Le § 3 du titre précité , nous fait d'abord remarquer que les disposi-tions des lois précitées ne devaient pas s'entendre , en ce sens restrictif, que l'auteur du vol ou celui dont la posses-sion est le fruit de la violence , sont personnellement inha-biles à usucaper. Leur incapacité , dit le texte , provient

---

* Aux choses volées et possédées par violence s'applique princi-palement la dénomination générique de *res vitiosæ*.

d'une autre cause, c'est-à-dire de la mauvaise foi de l'un et de l'autre ; *his alia ratione usucapio non competit, quia scilicet malâ fide possident.* Il faut dès-lors donner à ces règles prohibitives une interprétation plus étendue, en les appliquant aux tiers même de bonne foi qui posséderaient les objets volés, ou arrachés au propriétaire.

Le vol (*contrectatio fraudulosa*) ou la violence qui ont présidé à la spoliation des objets, leur imprime dans un vice qui s'attache à eux, et les suit en quelques mains qu'ils passent ; et comme, d'un autre côté, celui qui aliène un objet qu'il sait appartenir à autrui, se rend coupable de vol, il est facile de comprendre pourquoi l'usucapion des choses mobilières se réalisait difficilement chez les Romains.

Toutefois le vice qui provient de la manière dont la chose est sortie des mains du propriétaire, peut être purgé par son retour dans le patrimoine de celui-ci ; *tunc enim vitio rei purgato, procedit ejus usucapio. Just. Inst.*, § 8, *ibid.* Le jurisconsulte Paul pose et résout dans les §§ 6 et suivans, de la loi 4, ff. *de usurp. et ucuc.* les diverses questions auxquelles l'application du principe prémentionné pouvait donner lieu.

L'obstacle à l'usucapion ne dérivant que d'un vol toujours caractéristique de la mauvaise foi de celui qui a frauduleusement aliéné des objets qu'il savait appartenir à autrui, il s'ensuit que les objets dont aurait disposé de bonne foi un héritier, estimant qu'ils faisaient partie de l'hérédité, alors qu'en réalité ils n'étaient détenus par le défunt qu'à titre de prêt ou de dépôt, seraient susceptibles d'être usucapés. La raison en est qu'il n'y a pas, dans ce cas, vol de la part de l'héritier, d'après la maxime *furtum sine affectu furandi non committitur.* (§ 5. Ibid.)

Pareillement l'usufruitier d'une mère esclave, qui aliénerait les enfans nés d'elle, par suite de sa conviction que ces enfans sont sa propriété, ne saurait être considéré comme coupable de vol. Dans cette seconde hypothèse il y a erreur *de droit* de la part de l'usufruitier (car les enfans appartiennent au propriétaire seul de la mère esclave (Just. Inst., liv. 2 *de rer. divis.*, § 37), comme dans la première, il y a eu erreur *de fait* de la part de l'héritier (*Ibid. de usuc.*, § 6).

Il faut noter encore avec le § 7 *ibid.*, que l'opinion de quelques anciens jurisconsultes qui estimaient qu'il pouvait y avoir vol, même à l'égard des immeubles, ayant été rejetée, la mauvaise foi de celui qui se serait mis sans violence en possession d'un fonds appartenant à autrui, (en profitant soit de la négligence des propriétaires, soit de la vacance d'une hérédité) n'empêcherait pas le tiers-acquéreur de bonne foi d'usucaper la propriété de cette chose, pourvu, d'ailleurs, que ce tiers-possesseur réunît les autres conditions dont l'énumération va suivre.

Avant d'entrer dans leur examen, qu'il nous soit cependant permis de faire observer, 1° que lorsque la chose n'est pas susceptible d'usucapion à cause de l'un des obstacles dont nous venons de parler, la bonne foi du possesseur est tout à fait inutile ; *ubi lex inhibet usucapionem, bona fides possidenti nihil prodest.* (L. 24, ff. *de usurp. et usucap.* ; 2° qu'à l'égard des choses immobilières, lorsque le sol n'est pas susceptible d'être usucapé, la superficie est sous l'influence de la même prohibition, *si solum usucapi non poterit, nec superficies usucapietur,* dit le jurisconsulte Marcien (loi 39, *ibid.*).

§ 2.

Des conditions requises du chef de la personne qui veut usucaper.

Lorsque la *chose* est susceptible d'être usucapée, on exige de la *personne*, 1° qu'elle ait la capacité d'usucaper ; 2° qu'elle soit de bonne foi ; 3° qu'elle justifie d'une possession réunissant certains caractères déterminés.

I. — *De la capacité requise pour l'usucapion.* — Pour usucaper il fallait que le possesseur eût le droit de cité ; c'était là une condition indispensable, puisqu'il s'agissait d'acquérir la propriété Romaine.

Parmi les membres de la cité, les fils de famille usucapaient pour leur compte personnel, *in castris acquisita.* A cette exception près, les pères de famille avaient seuls la faculté d'acquérir par l'usucapion. *Usucapere potest scilicet pater-familias* (L. 4, ff. *de usurp. et usucap.*)

Le pupille était capable d'usucaper, pourvu qu'il eût commencé de posséder *tutore auctore* ; que s'il avait personnellement *animum possidendi,* cette condition dont nous venons de parler ne lui était pas indispensable.

Le furieux usucapait les choses qu'il avait commencé de posséder *ante furorem.* Quant à l'esclave, il était incapable d'usucaper *pro hærede.* Telles sont les principales précisions faites sur cette partie de notre titre, par le jurisconsulte Paul dans les §§ 2, 3 et 4 de la loi précitée.

II. — *De la bonne foi du possesseur ayant la capacité d'usucaper.* — La bonne foi est la première des conditions requises pour l'usucapion ; *rerum usucapio nobis competit, si modo eas bona fide acceperimus*, dit le jurisconsulte Gaïus, comm. 2 de ses Institutes, § 43.

Lorsque nous avons parlé de la perception des fruits considérée comme une manière d'acquérir la propriété d'après le Droit des gens, nous avons dit, d'après la loi 109 ff. *de verb. signif.* que la bonne foi consistait *dans la croyance plausible de la part du possesseur qu'il est devenu propriétaire légitime de la chose.* La bonne foi repose donc sur une erreur *de fait*, tandis qu'elle serait incompatible avec une erreur *de droit*. Le jurisconsulte Paul en faisait un des préceptes de cette matière, lorsqu'il écrivait : *nunquam in usucapionibus juris error possessori prodest.* Ainsi celui qui traitant avec un pupille, le supposerait capable d'aliéner sans l'autorisation de son tuteur, tomberait dans une erreur de droit qui ne saurait lui être profitable.

Il suffit d'ailleurs que la bonne foi du possesseur ait existé au *moment de la tradition*, sans examiner si elle existait ou non au *moment du contrat : possessionis, non contractus, initium quoad usucapionem pertinet, inspici placet*, à l'exception du contrat de vente, dans lequel la bonne foi doit exister et au moment du contrat et à l'époque de la tradition. *L.* 44, § 2, ff. *de usurp. et usuc. L.* 2, *ad proem.* ff. *pro emptore.* Lorsque la bonne foi a existé au moment de la tradition, peu importe qu'elle ait cessé plus tard ; le possesseur n'en conserve pas moins le droit d'usucaper. On a remarqué avec raison qu'il en était autrement en matière de perception de fruits ; ce mode d'acquérir, dont nous avons déjà expliqué les principes, est en effet essentiellement subordonné à la continuité de bonne foi de la part du possesseur. La raison de cette différence est prise, de ce que la perception de fruits suppose autant d'acquisitions distinctes et successives que de perceptions, tandis que l'usucapion de la propriété ne suppose qu'une seule acquisition.

La règle, d'après laquelle la bonne foi est une des conditions principales de l'usucapion, admettait néanmoins des exceptions qui s'appliquaient à l'usucapion des choses héréditaires et à l'usuréception.

1re *Exception relative à l'usucapion des choses héréditaires.* — L'usucapion des choses héréditaires, même immobilières, s'accomplissait par le délai d'un an au profit de tout possesseur, fût-il de mauvaise foi. Comme indistinctement sous le nom *d'usucapio pro herede* ou *d'usucapio lucrativa*, cette espèce d'usucapion n'avait été admise en faveur de ceux qui se mettaient en possession des objets dépendans d'une hérédité, que pour obliger les personnes habiles à succéder à prendre promptement un parti sur leur adition. Le jurisconsulte Gaïus, dont les Instituts Comment. 2, § 52 et suivans, nous ont donné des documens si précieux sur cette partie du droit si peu connue jusqu'à la découverte du manuscrit de Vérone, explique de la manière suivante les causes qui la firent introduire : *Quare autem tam improba possessio et usucapio concessa sit, illa ratio est quod voluerunt veteres maturius hæreditates adiri, ut essent qui sacra facerent, quorum illis temporibus summa observatio fuit, et ut creditores haberent à quo suum consequerentur.* Sous le règne d'Adrien, un Sénatus-consulte vint prononcer indirectement l'abrogation de cette usucapion (justement réprouvée par les jurisconsultes... *improba usucapio*, puisque les héritiers nécessaires eux mêmes n'étaient pas à l'abri de ses résultats, *Gaïus ibid.*) en autorisant l'héritier à exercer l'action en révendication contre le possesseur, de même que si l'usucapion n'avait pas eu lieu (*Gaïus Institutes c.* 2, § 55, *ibid.*).

2° *Exception relative à l'usuréception.* — Dans *l'usuréception*, les Romains admettaient encore l'usucapion au profit du possesseur, bien qu'il sût qu'en droit rigoureux la chose appartenait à un autre. Ainsi celui qui avait livré une chose *mancipio*, ou qui l'avait cédée in *jure, fiducie causa*, l'usucapait lorsqu'il la possédait plus tard pendant le délai d'un an, cette chose fût-elle immobilière.

On avait désigné cette espèce particulière d'usucapion sous le nom *d'usureceptio, quia id quod aliquando habuimus recipimus per usucapionem.* (*Gaïus Ins. Comm.* 2 § 59 et 60). Le § 61 *ibid.*, renferme les règles concernant une autre espèce d'usuréception.

III. — *De la possession réunissant certains caractères déterminés, considérée comme la 3° condition requise pour l'usucapion.* — Déjà nous avons posé ce principe, d'ailleurs écrit dans la Loi 25 ff. *de usurp. et usuc; sine possessione usucapio contingere non potest.*

Le jurisconsulte Paul indique l'étymologie du mot *possession* de la manière suivante : *possessio appellata est (ut et Labeo ait), à sedibus quasi positio, quia naturaliter tenetur ab eo qui ei insistit.* (*Loi* 1re ff. *de acq. vel amitt. posses.*).

La possession est donc le contact immédiat de la personne avec la chose, ou du moins la possibilité ou la facilité acquise pour la personne, d'avoir la chose sous sa main ou à sa disposition lorsqu'elle le juge convenable.

Pour l'acquisition première de la possession, le concours de deux conditions est nécessaire. Il faut 1° une *appréhension physique* de la chose, ou au moins *d'une partie* de cette chose, lorsque d'ailleurs la personne a l'intention de posséder le tout, ou bien encore la remise de cette chose sous les yeux de la personne, ou la remise d'un objet qui facilitera à la personne le moyen d'avoir la chose sous la main quand elle le voudra, ou bien l'apposition faite en public par la personne d'un signe particulier sur la chose, ou bien enfin la constitution d'un gardien de la part de la personne (*tot. tit. ff. de acqui. vel amitt. posses.*). 2° *L'intention* de la part de celui qui appréhende la chose de se l'approprier, c'est-à-dire, d'en retirer tous les avantages, tout l'émolument qu'un propriétaire a le droit de retirer de tout ce qui lui appartient. Le jurisconsulte Paul résumait avec une grande précision ces deux conditions lorsqu'il disait dans ses Sentences *Liv.* 14, *tit.* 2, *de usucap*; § 1er *possessionem acquirimus et animo et corpore*. Séparée de l'intention d'acquérir, la simple appréhension dégénère en une détention matérielle presque toujours stérile.

Au reste il n'est pas indispensable que celui qui veut posséder, se mette personnellement en contact avec la chose, ou qu'il acquière personnellement la faculté de l'avoir à sa disposition. Plusieurs textes ont en effet consacré cet axiome, que nous possédons non seulement par nous-mêmes, mais encore par le ministère des personnes placées sous notre puissance. Ainsi l'ascendant acquiert la possession par l'intermédiaire du descendant soumis à son autorité, le maître par le ministère de son esclave. (*Inst. Liv.* 2, *tit.* 9, *per quas person. cuique adquir.* § 3.)

Nous pouvons encore posséder par le ministère d'une personne qui nous est étrangère, pourvu que cette personne possède en notre nom (*Gaius loi* 9, ff. *de adquir. vel amitt. possess.*).

Il y a toutefois cette différence remarquable entre *l'acquisition* et la *conservation* de la possession, que l'intention séparée de la détention réelle, inefficace pour acquérir la possession, suffit pour retenir une possession déjà acquise : *nudo animo adipisci quidem possessionem non possumus, retinere tamen nudo animo possumus*, dit le jurisconsulte Paul dans ses Sentences tit. 2, *de usucap.* § 1er.

Nous avons dit que pour produire l'usucapion la possession devait réunir certains caractères déterminés. Elle devait en effet 1° être fondée sur une juste cause ; 2° être continue ; 3° avoir une certaine durée. *

* Les interprètes, tombant dans d'inutiles redondances, ont l'habitude d'ajouter à ces caractères de la possession qu'elle doit

4° LA POSSESSION DOIT AVOIR UNE JUSTE CAUSE. — La cause de la possession, *causa possessionis*, est le motif déterminant qui a engagé le possesseur à se mettre en contact avec la chose. Ce motif prend le nom de *justa causa* ou de *justus titulus*, lorsque l'appréhension de la chose de la part du possesseur est la conséquence de la réalisation d'un événement investitif de la propriété en sa faveur (ou qu'il avait du moins juste sujet de croire tel), comme par exemple la tradition à suite d'une vente ou d'une donation.

Il y a autant d'espèces de possessions qu'il existe de causes différentes d'acquisition de la propriété : *genera possessionis tot sunt, quot et causæ adquirendi ejus quod nostrum sit* (*Loi 3, § 21, ff. de adquir. vel amitt. possessione*). L'usucapion se formulait donc suivant la nature particulière de la cause productive de la possession. Ainsi le possesseur auquel la chose avait été livrée à titre de don, usucapait *pro donato*; celui à qui elle avait été livrée à titre de dot, usucapait *pro dote....* On peut consulter à cet égard les titres 4°, 8° et suiv. du Liv. 41 du Digeste.

Était-il nécessaire que la cause de la possession fût *réelle*, ou bien suffisait-il au possesseur de bonne foi d'invoquer une cause *putative*? Divers textes pris dans le corps entier du droit Romain paraissent renfermer des théories opposées sur la solution de cette question. D'après quelques uns de ces textes, l'erreur du possesseur sur l'existence de la cause ne l'empêche pas d'usucaper, tandis que d'après les autres cette erreur est un obstacle à l'usucapion (*Loi 27, ff. de usurpat. L. 2, ff. pro emptore. L. 3, 4 et 5, ff. pro suo. — Justin. Inst. de usuc. § 11*).

Les docteurs modernes ont proposé à ce sujet la distinction suivante qui semble devoir concilier toutes les opinions. Le possesseur invoque-t-il une erreur qui lui serait personnelle ? Allègue-t-il par exemple qu'il a cru de bonne foi avoir acquis personnellement la chose à titre de don, lorsqu'en réalité la donation n'a jamais existé ? Son erreur n'est pas excusable ; il ne pourra usucaper. On lui appliquera avec raison la maxime écrite dans le § 11 du titre précité des Instituts : *error sui in causa usucapionem non parit*. Le possesseur a-t-il eu au contraire un juste sujet de croire qu'il était devenu propriétaire de la chose, par le ministère d'une personne placée sous sa puissance ou agissant en son nom ? Comme par

titre *paisible*, *publique* et à *titre non précaire*. Ces caractères ne sont à mes yeux qu'une conséquence du principe qui exige la bonne foi. Celui qui possède à titre précaire, clandestinement, ou violemment, peut-il, je le demande, se dire de bonne foi ?

exemple, (c'est l'espèce proposée par le jurisconsulte Africain L. 14, ff. *pro empt.*), *si forte servus vel procuratoria emendam rem mandasset, persuaserit et se emisse atque ita tradiderit.* Dans ce cas bien qu'en réalité l'esclave ou le mandataire n'aient pas acheté, le maître ou le mandant qui se sera mis en possession sur la foi d'une acquisition qui lui a été annoncée, n'en aura pas moins le droit d'usucaper, parce que son erreur est plausible, *justam causam erroris habet.* [*]

La possession fondée sur une juste cause et accompagnée de la bonne foi du possesseur, prend le nom de possession civile, *possessio civilis, possessio ad usucapionem.*

Indépendamment de la possession civile, les jurisconsultes Romains admettaient deux autres espèces de possession, savoir : 1° La possession prétorienne ou *possessio ad interdicta*, qui incapable de servir de base à l'usucapion, autorisait seulement le possesseur à exercer les interdits *retinendæ vel recuperandæ possessionis.* (*Inst. lib.* IV, §§ 4 et 6 du tit. 15 *de interdict.*), et 2° la possession naturelle ou simple détention, *nuda detentio*, qui ne donnait ni le droit d'usucaper, ni celui d'exercer les interdits possessoires. [**]

2° La possession doit être continue. — Ce n'est pas assez que la possession soit fondée sur une juste cause et accompagnée de la bonne foi, il faut encore qu'elle soit continue, c'est-à-dire qu'elle n'éprouve pas d'interruption.

La possession est interrompue naturellement, *naturaliter usurpatur* (*usucapio enim est usucapionis interruptio.* L. 2, ff. *de usurp. et usuc.*), soit lorsque le possesseur a volontai-

---

[*] D'après ces distinctions on voit que *la réalité de la juste cause*, n'est pas toujours une condition indispensable pour l'usucapion. M. Warnkœnig, actuellement professeur de Droit à Gand, a posé selon nous une règle trop absolue, lorsqu'il a dit : *ex falsa causa, sive ex putativo vel ex ficto titulo, usucapere non possumus.* (*Inst. juris Rom. priv. Lezdii*, 1825, p. 85, § 245.)

Cette nouvelle considération nous prouve que pour l'usucapion il n'y a, à proprement parler, qu'une condition, la *bonne foi* des possesseurs. La durée de la possession est à vrai dire la seule des conditions distinctes de la bonne foi.

[**] Telle est la classification tripartite de la possession par M. de Savigny, dans son traité de la possession d'après le Droit Romain. M. Warnkœnig en a donné une analyse succincte dans le tome 5 de la Thémis, p. 445 et suiv. — M. Blondeau l'a aussi analysée dans sa Chrestomathie (notes des pages 247, 248 et suiv.)

L'auteur a combattu quelques-uns des points de vue de M. de Savigny. (*Ibid.*, notes des pages 262 et suivantes.)

rement abandonné la possession, soit lorsqu'il a été violemment spolié (L. 5, ff. *de usurp. et usuc.*).

Quant à l'interruption civile, c'est-à-dire celle qu'opérait la *litis contestatio*, elle n'empêchait pas l'usucapion de s'accomplir, *inter moras judicii*. Toutefois si le possesseur succombait, l'usucapion qui s'était accomplie pendant l'instance, était considérée comme non avenue, mais vis-à-vis du demandeur seulement.

Du principe que la possession doit être *continue*, il ne faut pas cependant conclure que la même personne soit tenue de posséder pendant tout le temps requis pour l'usucapion. Les successeurs sont en effet admis à joindre à leur possession celle de leurs auteurs, soit qu'il s'agisse de successeurs *per universitatem*, c'est-à-dire de successeurs à *la personne*, comme, par exemple, d'un héritier vis-à-vis du défunt, ou de successeurs *rei singulari*, c'est-à-dire de successeurs à *la chose*, comme par exemple, d'un acquéreur vis-à-vis de son vendeur. Cette réunion de diverses possessions qui ont couru sur la tête de diverses personnes, est désignée sous le nom d'*accession de possession*, *accessio possessionis* (Loi 15, § 1, ff. *de usurpat. et usucap.*).

Les règles relatives à cette accession varient néanmoins, selon qu'il s'agit de successeurs à la personne, ou de successeurs à la chose seulement. En effet, lorsque le successeur à la personne veut unir sa possession à celle de son auteur, on n'a égard qu'au caractère de la possession de ce dernier. Ainsi, par exemple, la possession du défunt était-elle revêtue de tous les caractères nécessaires pour l'usucapion? l'héritier pouvait usucaper, bien qu'il fût personnellement de mauvaise foi. Réciproquement; la possession du défunt était-elle vicieuse? l'héritier ne pouvait usucaper, alors même qu'il était personnellement de bonne foi. Cette théorie s'explique par l'identité de personnes qui existe entre l'héritier et le défunt; de même qu'il n'y a qu'une seule personne morale, il n'y a aussi qu'une possession, à l'origine de laquelle il faut toujours remonter (Inst., § 12, *de usucap.*).

Lorsqu'il n'y a que succession à la chose, les mêmes principes n'ont pas prévalu. Ainsi l'acquéreur, par exemple, pourra bien sans difficulté joindre à sa possession celle de son vendeur, si ce dernier est de bonne foi. Mais quoique le vendeur soit de mauvaise foi, l'acquéreur, à la différence du successeur *per universitatem*, aura la faculté d'usucaper personnellement, s'il est lui-même de bonne foi, sauf qu'il ne comptera que la possession qui pourra courir sur sa tête. Dans aucun cas l'acquéreur de mauvaise foi ne peut usucaper en excipant de la bonne foi de son auteur. À cette accession de possession, s'applique la maxime consacrée dans la loi 13, § 12, ff. *acquir. vel amit. posses.*: *ne vitiosæ quidem possessioni ulla potest accedere: sed nec vitiosa, ei quæ vitiosa non est.*

3° La possession doit avoir une certaine durée.

On sait que la possession devait durer un an pour les choses mobilières, et deux ans pour les choses immobilières, sauf les exceptions relatives à l'*usucapio pro hærede* et à l'*usurceptio.* Les lois 6, 7, ff. *de usurp.*, et la loi 15 ff. *de div. temp. præscript.*, indiquent de quelle manière il fallait supputer les délais dont nous venons de parler.

Section 2.

De la prescription longi temporis.

L'usucapion qui s'appliquait à toutes les choses mobilières, quel que fût le lieu de leur situation, ne s'appliquait, nous en avons déjà fait l'observation, qu'aux immeubles compris dans le territoire de l'Italie; *provincialia prædia usucapionem non recipiunt*, dit le jurisconsulte Gaïus dans ses Instuttes, comm. 2°, § 46. On comprit cependant bientôt la nécessité de ne pas laisser trop long-temps incertain le sort des possesseurs des immeubles situés dans les provinces, et dès-lors les préteurs créèrent, pour protéger ces possesseurs, une exception connue sous le nom de prescription. Gaïus nous a révélé l'étymologie de ce mot lorsqu'il a écrit dans le commentaire 4° de ses Institutes, § 132: *præscriptiones autem appellatas esse, ex eo quod ante formulam præscribuntur, plus quam manifestum est.*

L'origine de la prescription fut donc bien différente de l'origine de l'usucapion, puisque cette dernière, dérivant du droit Civil, faisait partie de la législation primitive des Romains, tandis que la prescription introduite seulement après les conquêtes de ce peuple, prit sa source dans le droit Prétorien.

Ce n'était pas d'ailleurs la seule différence qui distinguait ces deux manières d'acquérir. L'usucapion, en effet, était un mode d'acquisition du domaine civil, et procurait au possesseur, devenu propriétaire incommutable, tous les attributs attachés au droit de propriété. La prescription, au contraire, ne conférait au possesseur qu'une exception qui lui servait à repousser une revendication tardivement formée par le propriétaire. * Moins efficace cependant sous ce rapport que l'usucapion, la prescription produisait sous un autre point de vue des effets plus étendus, puisqu'elle purgeait l'immeuble prescrit, non seulement des droits réels du propriétaire légitime, mais encore de ceux dont il pouvait être grevé en faveur des tiers, alors que l'usucapion, en faisant évanouir les droits du propriétaire, laissait subsister tous les droits réels acquis aux tiers sur la chose usucapée. On pourrait tracer encore une longue série des dissemblances qui existaient entre l'usucapion et la prescription ; nous nous bornerons à citer ici quelques autres dissemblances parmi les plus saillantes.

I. Malgré la revendication formée par le propriétaire, l'usucapion n'en continuait pas moins à courir au profit du possesseur, à l'égard de tous autres que le propriétaire lui-même. Il n'en était pas ainsi en matière de prescription ; l'interruption civile détruisait tous les droits du possesseur, à l'égard de toutes personnes indistinctement.

II. L'usucapion s'accomplissait, nous l'avons vu, par une possession d'une année pour les choses mobilières, et de deux années pour les choses immobilières ; en matière de prescription, les préteurs exigeaient une possession de dix ans entre présens et de vingt ans entre absens, voilà pourquoi on appelait cette exception *prescriptio longi temporis.* Le possesseur et le propriétaire sont censés présens l'un par rapport à l'autre, lorsqu'ils habitent la même province ; ils sont considérés comme absens, lorsqu'ils habitent des provinces différentes. (*Leg. ult. Cod. de præscr. long. temp.*).

Si l'usucapion et la prescription différaient sous tant de rapports, elles avaient cependant entr'elles plusieurs points de contact. Ainsi, par exemple, les règles relatives à la nécessité de la bonne foi de la part du possesseur et à l'accession des possessions, étaient communes aux deux manières d'acquérir.

Section 3.

De la fusion de l'usucapion et de la prescription en un seul mode d'acquisition.

Dans les premières années du règne de Justinien, toutes les différences qui distinguaient l'usucapion de la prescription, disparaissent. Sous l'influence du mouvement rapide qui entraînait le législateur de cette époque vers un grand sys-

* Toutefois, avant Justinien, on accordait au possesseur une revendication utile.

tème d'unité et de simplicité, l'usucapion et les prescriptions *longi temporis* sont confondues, ou plutôt, du mélange de ces deux élémens, surgit une usucapion nouvelle, *usucapio transformata*. Soumise aux règles générales qui étaient propres à l'ancienne usucapion, elle emprunte à la *proscriptio longi temporis* la durée de la possession, avec cette précision, que régie en ceci par de nouveaux principes, elle s'accomplit pour les choses mobilières, par une possession de *trois ans*. Applicable indistinctement aux immeubles situés dans les provinces, comme aux immeubles faisant partie du sol de l'Italie, l'usucapion de Justinien fut indifféremment connue sous le nom d'*usucapio* ou de *proscriptio longi temporis*. Les différences qui existaient entre le domaine quiritaire et le domaine bonitaire avaient été déjà supprimées, l'usucapion nouvelle n'eut donc plus qu'un seul objet, celui de consolider sur la tête du possesseur, la propriété d'une chose qui lui avait été livrée à *non domino quem dominum esse credebat*. Tels furent les résultats de la réforme opérée par Justinien, par sa constitution rappelée dans la loi unique au code DE USUCAPIONE TRANSFORMANDA.

Au reste, on connaissait encore dans le droit Romain d'autres espèces de prescriptions; les unes s'accomplissaient par une possession de cinq ans, les autres par une possession de trente ou de quarante années, quelques-unes même exigèrent une possession de cent ans. On peut consulter à l'égard des premières, le § 13 des Institutes *de usucapionibus* et pour les autres, le titre 39 du Livre 7e du Code, et les Novelles 9 et 111 de Justinien.

TITRE SECOND.

Des DONATIONS *considérées comme un mode d'acquisition singularum rerum, d'après le Droit Civil.*

Nous l'avons déjà énoncé, le titre VII du second Livre des Institutes de Justinien, est consacré à l'exposé de quelques principes généraux relatifs aux donations. Les Institutes de Gaïus n'ont pas mentionné la donation dans le nombre des modes d'acquisition dérivant du Droit Civil. Pour expliquer ce silence, nous développerons quelques observations qui serviront d'ailleurs à faciliter l'intelligence des textes.

A l'époque où Gaïus écrivait sur le DROIT, la donation ne constituait pas un mode particulier d'acquisition. La promesse de donner, n'était distinguée des autres conventions de livrer ou de faire, que par la cause qui avait déterminé la convention. Dans les stipulations ordinaires, l'intérêt était le mobile des contractans, tandis que dans la donation celui qui se dessaisissait, n'avait d'autre intention que de se montrer bienfaisant à l'égard de celui qui devait recevoir. Aussi le jurisconsulte Papinien disait en caractérisant la donation : *Donari videtur, quod nullo jure cogente conceditur* (*L.* 29, ff. *de donat.*).

La convention de donner était d'ailleurs soumise aux mêmes règles que les autres obligations. La simple promesse de donner n'était pas plus obligatoire que les autres pactes, et les formules solennelles de la stipulation devaient être employées, pour que le donataire eût une action contre le donateur. Enfin la propriété n'était transférée sur la tête du donataire, conformément aux principes du droit commun, que par l'effet de la *mancipatio*, de la *cessio in jure* ou de la tradition simple, selon que la chose stipulée et promise, se trouvait classée au nombre des *res mancipi* ou des *res nec mancipi*.

Lorsque la *mancipatio*, la *cessio in jure* ou la tradition simple avaient eu lieu, il y avait donation proprement dite, c'est-à-dire, transport de la propriété d'une chose, à titre de don, *doni dittio* ; car on sait qu'en droit Romain, le mot *dare* signifie transporter la propriété ; *dari cuiquam id intelligitur, quod ita datur ut ejus fiat* (*Just. Inst. Liv. IV, tit.* 6, *de act.* § 44).

Dans le 4ᵉ siècle de l'ère chrétienne, sous le règne de Constantin, une grande innovation s'opère : les donations régies jusqu'alors par les théories du droit commun, sont soumises à des règles spéciales. Ces règles reçurent jusqu'au siècle de Justinien plusieurs modifications importantes. Les donations constituèrent donc, au moyen de ces dérogations à l'ancien droit, un mode d'acquisition particulier, et voilà pourquoi sans doute, tandis que Gaïus ne les considérait pas dans ses Instituts comme un mode spécial d'acquisition, Tribonien au contraire, crut devoir en faire l'objet du Titre dont nous parlons actuellement. *

Pour classer avec plus de précision chacune des règles particulières introduites par Constantin et modifiées par ses successeurs, nous suivrons à peu près la marche de Tribonien, en traitant séparément des trois espèces de donation mentionnées dans les Instituts, c'est-à-dire, de la donation entre vifs, de la donation à cause de mort et de la donation *prop-*

* Ne pourrait-on pas dire encore que Gaïus considérait la *donation* abstraction faite de toute tradition, tandis que les rédacteurs des Instituts de Justinien, en la classant parmi les manières d'acquérir la propriété, l'envisageaient principalement après que cette tradition avait eu lieu, *post doni dationem ?*

ter nuptias. Chacune de ces trois espèces de donation deviendra le sujet d'un paragraphe particulier.

§. 1er.

De la donation entre vifs.

Nous examinerons successivement à cet égard 1° les caractères de la donation entre vifs, 2° les conditions requises pour sa perfection, et les effets que cette perfection produisait, 3° les formalités auxquelles la donation entre-vifs fut soumise.

I. *Des caractères de la donation entre vifs.* — La donation entre vifs, *donatio inter vivos,* est la donation proprement dite, la donation par excellence. A la différence de la donation dont nous parlerons dans le § suivant, elle est faite indépendamment de toute prévision de la mort; *Donationes sunt, quæ sine ulla mortis cogitatione fiunt, quas inter vivos appellamus* (*Just. Inst. tit. VII de donat. §2*).

Par la donation entre vifs, le donateur se dépouille actuellement pour investir le donataire, avec l'intention de ne jamais reprendre la chose donnée. Le jurisconsulte Julien faisait allusion à cette espèce de donation, lorsqu'il s'exprimait de la manière suivante : *dat aliquis ea mente, ut statim velit accipientis fieri, nec ullo casu ad se reverti et propter nullam aliam causam facit, quam ut liberalitatem et munificentiam exerceat, hæc proprie donatio appellatur* (*L. 1re ff. de donat. ad proem.*).

Actualité et irrévocabilité, tels sont donc les principaux caractères de la donation entre vifs, à compter du moment de sa perfection.

II. *De la perfection de la donation entre vifs.* — Si la donation entre vifs diffère essentiellement des conventions ordinaires, sous le rapport de la cause qui préside à l'aliénation, elle leur ressemble sous ce point de vue, qu'elle n'est parfaite comme elles que par le concours des volontés de celui qui s'oblige et de celui en faveur duquel l'obligation est contractée. Ce concours des volontés s'établit dans les donations par l'acceptation du donataire. L'acceptation met le sceau à la libéralité; elle lui imprime ce caractère de perfection, dont le premier effet est de la rendre irrévocable.

Toutefois le principe de l'irrévocabilité des donations entre vifs, consacré dans le §2 du titre précité des Instituts de Justinien, se trouva soumis à diverses exceptions successivement admises. Par une constitution promulguée l'année 259e de l'ère chrétienne, les empereurs Valérien et Galien déclarèrent que l'inexécution des conditions imposées aux donataires autorisait le donateur à rentrer dans la propriété de la chose donnée, et qu'il pouvait exercer à ces fins et une action personnelle contre le donataire, et une action en revendication contre les tiers détenteurs de la chose donnée. (*L. 1re C. de don. quæ sub mod. vel cond.*).

Dans le siècle suivant, c'est-à-dire en l'année 355 de la même ère, les empereurs Constantin et Constance admirent la révocation des donations faites par un patron à ses affranchis, pour cause de survenance d'enfans (*l. 8, ibid.*). Enfin en 530, Justinien, érigeant en principe général quelques décisions particulières émanées de ses prédécesseurs, déclara que toute donation serait révocable pour cause d'ingratitude de la part du donataire. Il énumère d'une manière exacte dans sa constitution devenue la loi 10e *Cod. ibid.* les causes d'ingratitude; il y détermine en même temps les genres de preuve à l'aide desquelles l'ingratitude pourra être constatée, et désigne les personnes qui pourront exercer l'action en revendication formée pour ce motif, et celles contre qui cette action pourra être intentée.

Le second effet de la perfection de la donation est d'attribuer au donataire une action contre le donateur, pour l'obliger à manciper, à céder *in jure* ou à livrer la chose donnée.

Nous l'avons déjà dit, le donataire n'avait cette action que lorsque la convention de donner avait été revêtue des formules solennelles de la stipulation. Mais, par exception à la règle *nuda pactio obligationem non parit*, Justinien supprima la nécessité des formules de la stipulation, ce qui rendit la simple convention de donner désormais obligatoire pour le donateur. Affranchie sous ce rapport, dans le dernier état de la jurisprudence, des principes du droit commun, la donation continua d'être soumise à ces principes, en ce qui concernait la nécessité de la tradition, toujours indispensable pour transférer la propriété de la chose donnée sur la tête du donataire, d'après la maxime: *non nudis pactis sed traditionibus dominia rerum transferuntur.* Toutefois dans les donations entre ascendans et descendans, la propriété de la chose donnée était transférée sur la tête du du donateur sans le secours de la tradition.

III. — *Des formalités auxquelles furent soumises les donations entre vifs.* — On sait que jusqu'au quatrième siècle de l'ère chrétienne, les donations ne furent soumises à aucune formalité spéciale. Mais, à cette époque si féconde en innovations législatives, les donations sortent de la classe des conventions ordinaires pour revêtir des formes particulières et constituer un mode d'acquisition distinct de tous les autres. Déjà le père de Constantin avait ordonné que toutes les donations seraient *insinuées*. Constantin exige à son tour, pour exclure tout soupçon de fraude ou de violence, *ad excludendam vim atque irruptionem*, et l'écriture, et la publicité de la prise de possession de la part du donataire. Enfin après plusieurs oscillations dont on retrouve les traces dans les constitutions de Théodose et Valentinien, et de Zénon, l'empereur Justinien supprime la nécessité de l'écriture, et ne soumet définitivement à la formalité de l'insinuation que les donations excédant la quantité de 500 solides. Les donations faites à l'empereur ou par l'empereur, celles qui avaient pour objet le rachat des captifs ou la reconstruction des monumens incendiés, en étaient toujours dispensées, quelle que fût l'importance de la chose donnée (L. 29, *cod. ibid.*).

§ 2.

Des donations à cause de mort.

On appelle donation à cause de mort, celle qui est faite en contemplation de la mort, *mortis causa donatio est, quæ propter mortis fit suspicionem* (*Instit.*, § 1ᵉʳ *ibid.*).

Cette prévision de la mort qui est la cause de la libéralité, peut être fondée, ou sur la seule incertitude de la durée de la vie, ou sur des dangers que l'on va courir de la perdre, soit par les suites d'une maladie, soit au milieu des hasards de la guerre ou des accidens d'un lointain voyage : *mortis causa donatio est, quæ impendente mortis metu fit, ut est valetudinis, peregrinationis, navigationis vel belli.* (*Pauli, sent. lib. 2, tit. 23, de donat. inter vir. et uxor.*, § 1ᵉʳ).

Pour qu'il y ait donation à cause de mort, il ne suffit pas que la libéralité ait été faite en réalité sous l'influence de la crainte d'une mort prochaine ; il faut encore que le donateur ait formellement manifesté sa volonté de ne disposer qu'à ce titre.

Dans l'ordre de ses affections le donateur se préfère lui-même à son donataire, en préférant d'ailleurs son donataire à ses héritiers légitimes. C'est là ce qui distingue la donation à cause de mort de toutes les autres ; *in summá, mortis causá donatio est, cum magis se quis velit habere quam eum cui donat, magisque eum cui donat quam hæredem suum* (*Inst.*, § 1, *ibid.*).

Il suit de là, 1° que le donateur conserve dans tous les cas

le droit de révoquer la donation au gré de son caprice, *si
eum donationis pœnituerit* (Just. Inst., *ibid.*, § 1er).

Si déjà le donateur s'était dessaisi, son changement de
volonté lui donnerait le droit de répéter la chose donnée
condictione vel utili actione, ainsi que nous l'enseigne le
jurisconsulte Ulpien (L. 30, ff. *ibid.*).

2° Que la donation est résolue de plein droit ou plutôt
devient caduque par le seul fait de la survivance du donateur au donataire, *si prior decesserit cui donatum sit.*

Lorsque la donation est faite sous l'influence de la crainte
d'un *péril déterminé*, elle est aussi révoquée dès que le
donateur a échappé à ce péril, *si supervixerit is qui donavit* (Just. Inst., § 1er, *ibid.*).

De ces théories il est facile de conclure que la donation
à cause de mort, encore différente sous ce point de vue
de la donation entre vifs, n'est parfaite que par la mort du
donateur, bien qu'elle ait été acceptée de son vivant, *non
videtur perfecta donatio mortis causa facta, antequam
mors insequatur* (L. 32, ff. *ibid.*). Mais plus efficace sous
ce point de vue que la donation entre vifs, la donation à
cause de mort, dès qu'elle était parfaite, transférait la
propriété de la chose donnée sur la tête du donataire, indépendamment de toute tradition (L. 12, ff. *de publici. in
rem act.*).

Les legs produisaient, nous l'avons déjà vu, un effet
semblable, et ce n'était pas le seul point de contact qui
existait entre cette manière d'acquérir (*singulas res*),
et les donations à cause de mort. Les règles qui leur étaient
communes étaient si nombreuses, que les Prudens s'étaient
demandés si les donations à cause de mort ne devaient pas
plutôt être considérées comme des legs, que comme des donations. L'empereur Justinien faisant cesser cette controverse,
déclara que la donation, à cause de mort, serait désormais
assimilée aux legs, en laissant toutefois subsister entre ces
deux modes d'acquisition des différences dont nous trace-
rons le tableau dans nos explications orales.

Que si pour suivre en entier la marche déjà adoptée
pour l'examen des donations entre vifs, nous parlons des
formalités auxquelles fut soumise la donation à cause de
mort, nous résumerons toute l'économie des constitutions
des empereurs de Constantinople dans les deux propositions
suivantes :

1° Les innovations que subit la donation entre vifs, et
qui étaient relatives à la nécessité de l'écriture, à la publicité de la prise de possession et à l'insinuation, furent applicables à la donation à cause de mort.

2° Justinien supprima toutes ces formalités, en n'exigeant que la présence de cinq témoins, soit que la donation à cause de mort eût lieu verbalement, soit qu'elle fût constatée par écrit (*L. ult. cod. de mortis causâ donat.*).

§ 3.

De la donation propter nuptias.

La donation *propter nuptias*, est celle qui est faite par le futur époux, en faveur de sa future épouse, en garantie et en compensation de la dot, *confertur in securitatem dotis et quasi remunerandæ dotis causa*, disent les interprètes. Long-temps inconnue, puisqu'elle ne fut introduite que par les successeurs de Constantin, la donation à cause de noces n'eut pas toujours la même dénomination. On l'appela d'abord *donatio antè nuptias* (*donation antenuptiale*), parce que dès l'origine, la dot ne pouvait être constituée valablement qu'à une époque antérieure au mariage. Plus tard, l'empereur Justin ayant permis d'augmenter la constitution dotale pendant la durée du mariage, il fut admis par voie de suite que la donation, à cause de noces, jouirait de la même faveur. Enfin Justinien se montra encore plus favorable à l'égard des constitutions dotales, car il déclara qu'on serait autorisé non seulement à les augmenter, mais encore à faire une première constitution, *constante matrimonio*. Dès-lors le mari fut admis à donner pour la première fois à son épouse, pendant la durée du mariage. A compter de cette époque, les donations dont nous parlons perdirent leur dénomination primitive, et furent désignées sous le nom de *donationes propter nuptias* que leur donne le § 3 de notre titre, dans lequel Tribonien expose l'historique de ces sortes de donations.

L'effet de la *donatio propter nuptias*, n'était pas de transférer sur la tête de la femme la propriété des choses données, mais seulement de lui offrir des sûretés pour la restitution de sa dot, et pour le paiement de ses gains de survie. La loi 9, *Cod. de pactis convent.*, et la Novelle 197 posent le principe d'égalité qui devait exister entre la dot la donation *propter nuptias*, et les gains de survie stipulés entre époux.

Le § 4 et dernier du titre précité *de donat.*, s'occupe d'une autre manière d'acquérir dérivant du Droit Civil, au sujet de laquelle il suffit de recourir au texte.

CINQUIÈME PARTIE.

Des personnes par le ministère desquelles on acquiert la propriété.

Après avoir examiné successivement les différentes manières d'acquérir la propriété *per universitatem et singularum rerum*, il était naturel de se demander par le ministère de quelles personnes cette propriété pouvait être acquise. Le jurisconsulte Gaïus pose à cet égard le principe suivant : *adquiritur nobis non solum per nosmetipsos, sed etiam per eos quos in potestate manu mancipiove habemus, item per eos servos in quibus usumfructum habemus, item per homines liberos et servos alienos quos bona fide possidemus.* Tribonien a reproduit textuellement le fragment de Gaïus dans le *proemium* du titre 2ᵉ du livre 9 des Instituts de Justinien, *per quas personas cuique adquiritur*, sauf qu'il y passe sous silence et la *manus* et le *mancipium* qui étaient tombés en désuétude avant le règne de ce prince.

En prenant, selon notre usage, pour base de nos développemens, les textes qui offrent les classifications les plus larges, nous aurons à examiner successivement de quelle manière le citoyen Romain acquiert par le ministère, 1ᵉ des descendans soumis à sa puissance, 2ᵉ de ses esclaves, 3ᵉ des personnes qu'il avait *in manu mancipiove*, 4ᵉ des esclaves dont une personne a la propriété et une autre l'usufruit et 5ᵉ des esclaves d'autrui et des hommes libres qu'il possède de bonne foi. Cette matière se divisera donc de plein droit en cinq paragraphes.

§ 1ᵉʳ

Des fils de famille considérés comme instrumens d'acquisition en faveur des ascendans à l'autorité desquels ils sont soumis.

Nos études sur le premier livre des Instituts, nous ont déjà appris, comment les priviléges exorbitans attribués au père de famille sur la personne de ses descendans, furent successivement restreints dans de justes limites, pendant les premiers siècles de l'ère chrétienne.

Les prérogatives qui lui étaient encore conférées, par rapport aux acquisitions faites par ses descendans, subirent à leur tour une réforme que provoqua la politique d'Auguste, et que le génie du Christianisme développa sous Constantin et ses successeurs.

Le fils, on le sait, avait été pendant bien long-temps par rapport à son père ce que l'esclave était par rapport à son maître. Incapable de posséder un patrimoine personnel, il n'était qu'un instrument d'acquisition pour son ascendant. (*Inst.* § 2, *ibid.*).

Le fils de famille pourrait sans doute se former un pécule composé des objets dont son père le gratifiait, ou des économies qu'il faisait dans la gestion du patrimoine paternel dont l'administration lui était confiée; mais ce pécule, le plus ancien de tous, désigné sous le nom de pécule *profectice*, (*à patre profectum*) fut toujours la propriété du père de famille, qui conservait le droit de le retirer au fils à volonté. Celui-ci n'en avait que l'administration ou la détention naturelle. Toutefois si le père de famille consentait à émanciper son fils, et si l'émancipation avait lieu sans qu'il lui retirât le pécule profectice, il était censé par cela même l'en gratifier. *Pater qui filiæ quam habuit in potestate, mancipia donavit et peculium emancipatæ non ademit, ex post facto donationem videbatur perfecisse* (*L.* 34, § 2, ff. *de donat.*).

Sous le règne d'Auguste, les *pécules* proprement dits prennent naissance; en d'autres termes, les fils de famille commencent à posséder *en propre* une quantité de biens distincte du patrimoine de leurs ascendans. *Peculium dictum est enim, quasi pusilla pecunia, sive pusillum patrimonium* (*L.* 5, § 3, ff. *de pecul.*). Ce prince jaloux de rallier autour de lui, par toute espèce de faveurs, tous ceux qui se consacraient au service des armes, attribua aux fils de famille la propriété de leur *pécule castrans*, c'est-à-dire, de tous les biens qu'ils acquerraient dans les camps, ou dont ils seraient gratifiés au moment de partir pour les armées. Les fils de famille furent considérés quant à ces pécules comme des pères de famille, *vice patramfamilias funguntur* disait la loi 2e, ff. *de Senatus C. Macedon.* Ni l'ascendant, ni ses créanciers ne pouvaient porter à ces biens la plus légère atteinte. A la mort de l'ascendant, ils n'étaient point confondus dans la masse de l'hérédité. Ses autres enfans étaient exclus du droit d'en demander le partage. En énumérant les personnes qui pouvaient tester, nous avons fait remarquer que les fils de famille avaient obtenu ce droit à l'égard des biens compris dans leur pécule castrans, mais que s'ils décédaient *intestat*, l'ascendant s'en emparait, non à titre de succession, mais à titre de pécule. *Bona ejus non quasi hereditas, sed quasi* *peculium patri deferuntur.* (*L.* 2 , ff. *de castr. pec.*). *

Les priviléges dont jouissaient à Rome les militaires, furent donc la cause de l'introduction du pécule castrans ; les faveurs accordées à l'exercice de certaines professions, devinrent bientôt l'origine d'un nouveau pécule qui porta le nom de *quasi-castrans* parce qu'il fut établi à l'imitation *castrensis peculii*, (*Just. Inst. L.* 2. *tit.* 14, *de milit. test.* § 6).

En effet Constantin accorde aux fils de famille la propriété des économies par eux faites à la suite de son service dans son palais (*palatinis*) ; et successivement sous Honorius et Théodose, sous Léon et Anthémius , ils obtiennent le droit de disposer comme de chose à eux propre , de tous les honoraires qu'ils percevraient en qualité d'assesseurs et d'avocats , d'officiers attachés au préfet du Prétoire, et en qualité d'ecclésiastiques.

Enfin par une disposition beaucoup plus générale, Justinien les declare propriétaires de tous les profits, de tous les émolumens qu'ils pourraient retirer *ex salariis vel stipendiis publicis.* **

Le pécule *quasi-castrans* fut assimilé en principe au pécule castrans.

Quant aux autres biens qui pouvaient échoir au fils de famille , d'un autre chef que du chef de son ascendant, (et qui n'entraient pas d'ailleurs dans son pécule castrans) , l'histoire nous apprend qu'ils furent aussi acquis à l'ascendant jusqu'au règne de Constantin.

Ce prince , auquel ses idées réligieuses inspirèrent de si utiles innovations, et que nous avons déjà vu créer le pécule quasi-castrans , accorda aux enfans la nue propriété des biens qui pourraient leur échoir du chef de leur mère. Gratien, Valentinien et Théodose prononcèrent la même décision à l'égard des biens provenant de tous les parens maternels, l'usufruit en demeurant reservé à l'ascendant. — Théodose et Valentinien , Léon et Anthémius appliquèrent ces dispositions aux gains stipulés entre les époux et les fiancés, *ad lucra nuptialia et sponsalia.* — Justinien les étendit à tous les biens sans distinction qui pourraient advenir aux fils de famille d'un autre chef que le chef paternel, et qui ne seraient pas susceptibles de faire partie des pécules castrans et quasi-castrans.

* Voyez toutefois ce que nous avons dit des changemens apportés à ces principes par la législation des Empereurs de Constantinople.

** M. Ducaurroy, Instit. *expliquées*, t. 2, page 28 et 29, à la note.

Ainsi se forma, et grandit un quatrième pécule connu sous le nom de *pécule adventice* dont la propriété fut dévolue au fils de famille et dont l'usufruit fut réservé au père.[*] Ainsi se trouvèrent établis dans de justes rapports (selon Justinien) et les priviléges dus aux ascendans et les droits qu'on ne pouvait sans injustice refuser aux descendans : *et liberis pepercimus*, disait cet empereur, et *patribus honorem debitum reservavimus* (*Inst. per quas pers. cuiq. adquir. ad proem.*). Il laissa d'ailleurs subsister toutes les règles relatives aux pécules castrans et quasi-castrans dont les fils de famille conservèrent et la propriété et la jouissance. Il crut pouvoir encore maintenir, sans être injuste, les droits des ascendans sur les pécules profectices, (§ 10 *ibid.*) modifiant seulement ceux qui leur étaient reservés sur le pécule adventice en cas d'émancipation des descendans.

Voici qu'elle fut cette modification.

D'après la législation de Constantin, le père qui accordait à son fils le bénéfice de l'émancipation, pouvait retenir le tiers en propriété des biens composant le pécule adventice de l'émancipé. Ce tiers était considéré comme le prix du bienfait nouveau conféré au descendant ; *quasi remunerationis gratiâ, quasi pretio quodammodo emancipationis.* Justinien jugea cette jurisprudence trop rigoureuse à l'égard des émancipés, qui achetaient ainsi par une diminution considérable de leur patrimoine les avantages attachés à l'émancipation, *quod honoris iis ex emancipatione additum erat, hoc per rerum diminutionem decrescebat.* Il déclara donc que désormais l'ascendant émancipateur ne pourrait plus retenir *le tiers en propriété* des biens composant le pécule adventice de l'émancipé, mais seulement la *moitié de l'usufruit* des mêmes biens. Il crut concilier ainsi d'une manière plus sage les intérêts de tous, *ita enim res intactæ apud filium remanebant, et pater ampliore nonnâ fruetur, pro tertia, dimidia potiturus* (Loi 6, § 3, *Cod. de bonis quæ lib. lust. per quas person.*, § 2).

En résumé, dans le dernier état de la jurisprudence, on connaissait quatre sortes de pécules ; les pécules castrans, quasi-castrans, profectices et adventice. Au fils de famille étaient réservés, comme nous l'avons dit, la propriété et la jouissance des pécules castrans et quasi-castrans, et la nue propriété seulement du pécule adventice ; au père de famille la propriété pleine et entière du pécule profectice et l'usufruit de l'adventice.

[*] Sauf quelques exceptions mentionnées dans le Code et dans les Novelles de Justinien.

§ 2.

*Des esclaves considérés comme des instrumens d'acqui-
sition par rapport à leurs maîtres.*

Les esclaves, nous en avons fait plusieurs fois l'observation, étaient incapables de posséder un patrimoine distinct
de celui de leur maître; *ipse enim servus qui in alterius
potestate est, nihil suum habere potest.* De là cette conséquence nécessaire, que tout ce qu'acquérait l'esclave à quelque titre que ce fût, était acquis à son maître à son insu
et même malgré lui; *quod servi mancipio accipiunt, vel ex
traditione nanciscuntur, sive quid stipulentur, vel ex alia
qualibet causa adquirunt, in nobis adquiritur* (Gaï. Inst.
comm. 2, § 87). Cette règle mérite deux observations.
D'abord, lorsqu'il s'agissait d'une hérédité testamentaire déférée à un esclave, le maître n'était investi de la qualité
d'héritier, que lorsque l'adition de l'esclave avait eu lieu de
son consentement. Les obligations attachées à cette qualité
expliquent suffisamment la nécessité d'une semblable autorisation préalable (*Just. Inst. tit.* précité, § 3). En second
lieu, si dans les autres cas, le maître était saisi de plein
droit et comme malgré lui de la propriété des acquisitions
faites par son esclave, il n'en conservait pas moins la faculté
de répudier le bénéfice de cette acquisition, dès qu'il avait
connaissance de l'événement investitif qui s'était réalisé en
sa faveur.

Si les esclaves ne peuvent rien posséder pour leur propre
compte, leur maître pouvait cependant leur confier l'administration d'une quotité donnée de son patrimoine, ou
leur permettre d'administrer, comme chose propre, le fruit
de leurs économies ou le résultat des libéralités dont ils
étaient gratifiés, *quod parcimonia sua quis paravit, vel
officio meruerit à quolibet sibi donari* (L. 39, ff. de pecul.).
Cette quotité de biens administrée par les esclaves, constituait *leur pécule.* Le maître restait toujours l'arbitre souverain de ce pécule comme de l'esclave lui-même. Il pouvait l'augmenter ou le diminuer, ou le reprendre tout
entier à volonté, *totum adimere, vel augere, vel dimi-
nuere* (L. 4, ff. *ibid. ad procm.*). Voilà pourquoi un jurisconsulte romain comparait élégamment la destinée du pécule
d'un esclave à la destinée de l'homme; ce qui faisait dire
à Marcien: *Peculium nascitur, crescit, decrescit, moritur* (L. 40, ff. *ibid.*).

Quant aux esclaves dont la propriété était commune à

plusieurs maîtres, on trouve dans le titre 44 du liv. 2 des Instit. *de hæredib.*, *Inst.* § 3, dans le tit. 29 du liv. 3, *per quas personas nobis oblig. adquir.*, et dans le tit. 18, *ibid.*, *de stip. serv.*, les règles relatives aux acquisitions par eux faites. Nous ne parlerons pas non plus ici des acquisitions des esclaves relatives au droit de possession, puisque nous avons traité cette matière en parlant de l'usucapion, à laquelle nous avons rapporté la première partie du § 3 du titre précité des Institutes de Justinien, *per quas person. cuiq. adquir.*

§ 3.

Des personnes qui étaient in manu, mancipiove consi-dérées, etc....

§ 4.

Des acquisitions faites par un esclave dont une personne a la nue propriété et une autre l'usufruit.

§ 5.

Des acquisitions faites par l'esclave d'autrui ou par une personne libre qu'on possède de bonne foi.

Nous nous sommes bornés à indiquer ici toutes les subdivisions que présente l'économie de ces matières, parce que le texte des §§ 88, 89, 90 et suivans du Com. 2 des Inst. de Gaïus, et du § 4 du titre des Inst. Just. *per quas personas cui. acquir.* nous a paru suffisant pour donner à cet égard des notions convenables.

Le § 5 et dernier du titre précité des Institutes de Justinien résume les théories que ce titre renferme, en posant cette maxime ; *ex his... apparet... per extraneam personam nihil acquiri posse.* Cette règle, à côté de laquelle on trouve une exception fort remarquable au sujet *de la possession*, est susceptible de donner lieu à de nombreuses précisions que nous aurons le soin de développer dans notre Cours oral, en prenant pour guide les idées emises par M. Müklenbruck. *

* *Doctrina Pandectarum Scholarum in usum*, tom. 1er, page 244 et suiv.

SIXIÈME ET DERNIÈRE PARTIE.

*Des attributs de la propriété, et notamment du droit de ré-
vendication, de disposition absolue ou partielle, et des
divers démembremens que la propriété est susceptible de
recevoir.*

Nous avons exposé jusqu'ici et les divers modes d'acquisition de la propriété et la série des personnes par le ministère
des quelles on peut l'acquérir. Il ne nous reste donc plus, en
suivant la gradation naturelle des idées, qu'à parler des attributs que la propriété parfaite (*plena in rem potestas*)
confère.

Le premier de ces attributs est pour le propriétaire le droit
d'occuper la chose exclusivement, d'en retirer tous les avantages possibles, de percevoir tous ses produits casuels ou pé-
riodiques et de la modifier comme il le juge convenable ; *suo
quidem quisque rei moderator atque arbiter est.* Le propriétaire maître de ses droits a encore le droit d'user et d'a-
buser selon son caprice, *jus utendi et abutendi.* Toutefois
cette faculté reçoit diverses limitations, tantôt dans l'intérêt
public, (*L. 1re ff. de tigno juncto*), tantôt dans l'intérêt
privé, (*L. 1re §e ff. de aquâ et aquæ pluviæ arcendæ*),
tantôt dans l'intérêt du propriétaire lui-même et de sa famille, lorsque le Préteur lui retire pour cause de prodigalité
l'administration de ses biens. *Moribus per prætorem bonis
interdicitur hoc modo* (disait le jurisconsulte Ulpien dans
ses Sentences L. 3, tit. 4, de test. § 7): *Quando tibi bona
paterna avitaque nequitiâ tuâ disperdis, liberosque tuos ad
egestatem perducis, ob eam rem tibi eâ re commercioque
interdico.*

Investi en outre du droit d'exclure tout ceux qui vou-
draient exercer à son préjudice quelques droits sur la chose,
le propriétaire est fondé à en demander la révendication,
lorsqu'elle se trouve indûment placée entre les mains d'un
autre. Le titre premier du livre sixième du Digeste *de rei
vindic.* et le titre 6e du 4e livre des Institutes de Justinien,
de action. nous font connaître le mode d'exercice de l'action
en révendication, les personnes contre lesquelles elle pouvait
être intentée et l'effet qu'elle produisait.

Enfin le droit d'aliéner la chose, d'en disposer à titre gratuit ou onéreux est un des attributs les plus précieux attachés
à la propriété (*L. ult. Cod. si res ali.*).

Le propriétaire et le propriétaire seul jouit du droit d'aliénation : *id quod nostrum est, sine facto nostro ad alium transferri non potest.* Néanmoins cette règle n'est pas absolue, car elle reçoit diverses exceptions en ce sens que tout propriétaire n'a pas toujours le droit d'aliéner, tandis que ceux qui n'ont pas la propriété, ont cependant quelquefois le pouvoir d'aliéner : *accidit aliquando ut qui dominus sit alienare non possit, et contra qui dominus non sit, alienandae rei potestatem habeat.* Cette observation nous amène naturellement à l'examen des textes que renferme le titre VIII du Liv. 2e des Institutes, *quibus alien. lic. vel non.*

Ce titre renferme deux exceptions au premier principe : *que le propriétaire a le droit d'aliéner*, et une exception au second principe : *que celui qui n'a pas la propriété ne peut pas aliéner.*

Exceptions au principe que le propriétaire a le droit d'aliéner. — Ces exceptions s'appliquent 1°, au mari à l'égard du fonds dotal, 2° au pupille.

1re *Exception.* — Le mari est propriétaire du fonds qui lui a été cédé *in jure*, ou mancipé, ou qu'il a usucapé à titre de dot. *Ipsius est, vel mancipatum ei dotis causa, vel in jure cessum, vel usucaptum.*

Il ne pouvait cependant, d'après la loi Julia *de fundo dotali*, l'aliéner sans le consentement de son épouse. *Dotale praedium maritus invita muliere, per legem Juliam prohibetur alienare.* Les dispositions de cette loi qui remonte au siècle d'Auguste, avaient permis au mari d'aliéner l'immeuble dotal avec le consentement de son épouse, tandis qu'elles lui défendaient de l'hypothéquer même avec ce consentement. Elles s'étaient donc montrées plus rigoureuses pour la simple affectation hypothécaire que pour l'aliénation directe, parce que l'auteur du Plébiscite avait pensé que la femme consentirait plus facilement à donner son autorisation à une affectation hypothécaire dont les résultats sont d'abord peu sensibles, qu'à une aliénation proprement dite, dont les effets sont immédiats. Or, c'était une théorie arrêtée dans l'esprit des jurisconsultes de Rome, qu'il fallait défendre avec plus de rigueur ce que l'on supposait devoir se faire avec le plus de facilité.

On doutait d'ailleurs, ainsi que l'atteste Gaïus dans ses Institutes, Comm. 2, § 63, si les dispositions prohibitives de la loi Julia étaient applicables aux immeubles situés dans les provinces, comme aux immeubles qui faisaient partie du sol Italique.

L'empereur Justinien nous apprend, dans le *proemium* du titre précité de ses Institutes, qu'il se montra encore plus ri-

gou eux que les auteurs de la loi Julia, puisque par une constitution, qui s'appliqua indistinctement aux immeubles situés
dans les provinces, comme à ceux qui se trouvaient compris
dans l'Italie, il prohiba au mari l'aliénation et l'hypothèque
du fonds dotal, même avec le consentement de son épouse.
Il fonda cette interdiction absolue sur la considération suivante, éminemment en harmonie avec la protection due à la
femme mariée, et la conservation des familles : *ne sexus
muliebris fragilitas in perniciem substantiæ earum con-
vertatur*, (*ibid.*).

C'est toutefois une chose digne de remarque, que si le
mari est déclaré propriétaire du fonds dotal, *dominus præ-
dii dotalis*, la propriété qui lui est attribuée n'est pas une
propriété ordinaire. On le considère comme propriétaire,
pendant toute la durée du mariage, parce qu'il jouit des priviléges les plus précieux attachés à la propriété, celui de faire
siens les fruits de l'immeuble dotal et d'exercer toutes les
actions réelles qui s'y rattachent ; mais son droit de propriété
cesse en principe avec le mariage, comme on le voit notamment par l'ensemble des dispositions du titre 3, du Liv. 24
du Digeste. — *Solut. matrim. quemad. dos. pet.*

Au reste, ni les prohibitions de la loi Julia, ni les prohibitions encore plus restrictives de Justinien, ne s'étendi-
rent aux choses mobilières dotales. Le mari pouvait en disposer à son gré, pourvu, d'ailleurs, qu'il fût solvable, et qu'au
moment de la restitution de la dot, la femme ou ses héritiers
ne courussent pas le danger d'en perdre la valeur. (L. 1,
Cod. de serv. pign. dato manum.). Elles demeuraient
encore étrangères à l'immeuble dotal qui avait été estimé,
parce que l'estimation était considérée comme renfermant
une vente en faveur du mari ; le fonds dotal restait à ses
périls et risques, il pouvait en disposer comme de sa chose
propre, sauf la restitution du montant de l'estimation dont
il devenait débiteur. (L. 5, *Cod. de jure dot.*).

2° *Exception.* — Les personnes qui sont en tutelle ont
un patrimoine, et cependant elles sont incapables d'en disposer sans l'autorisation de leur tuteur. (*Just. Instit.* § 2,
ibid.). L'autorisation du tuteur n'était même pas toujours
suffisante pour l'aliénation des biens du pupille, comme
le prouve le titre 9 du livre 27 du Digeste *de reb.
tutor. qui sub. tut. vel cur. sunt.*

La femme soumise à la tutelle perpétuelle était frappée
de la même incapacité que l'impubère, à l'égard des choses
mancipi ; car elle était libre de disposer des *res nec mancipi*, sans l'autorisation de son tuteur. (*Gai. Inst. comm.* 2,
§ 80). Les rédacteurs des Instituts de Justinien font l'ap-

plication du principe de l'incapacité des pupilles à trois objets différens ; 1° au prêt de consommation que le pupille pourrait faire ; 2° aux choses qu'il recevrait en qualité de créancier ; 3° à celles qu'il payerait en qualité de débiteur.

1° Le pupille qui a consenti sans le consentement de son tuteur, un prêt de consommation (*mutuum*), par lequel un prêteur, maître de ses droits, confère nécessairement à l'emprunteur la propriété des choses fongibles livrées à titre de prêt (*unde mutuum appellatum est, quia id à me datur ut ex meo tuum fiat.* Inst., liv. 3, t. 15, *quib. mod. re contrah. oblig. ad proem.*), ne contracte par la tradition de la chose, aucune obligation, *non contrahit obligationem* ; il n'en transporte pas la propriété à l'emprunteur, *pecuniam non facit accipientis.*

Il n'est pas donc obligé d'attendre le terme accordé pour la restitution de la chose prêtée (d'après les règles de ce contrat), et peut exercer immédiatement toutes les actions que le droit lui accorde pour la recouvrer. Ces actions varient suivant les circonstances.

La chose prêtée existe-t-elle en nature, ou dans les mains de l'emprunteur, ou dans les mains d'un tiers ? Le pupille exerce l'action en revendication : *vindicari nummi possunt sicubi extant.* Les choses prêtées ont-elles été consommées ? Si l'emprunteur les a consommées de bonne foi, c'est-à-dire, s'il croyait les avoir reçues d'une personne capable d'aliéner, le pupille aura la *condictio*, c'est-à-dire une action personnelle contre l'emprunteur, pour l'obliger à la restitution de choses de pareille qualité, quantité et valeur, suivant l'adage : *per consumptionem reconciliatur mutuum, paratur dominium, nascitur condictio.* * (Inst. liv. 4, tit. 6, *de action.*, § 15). L'action en revendication ne saurait avoir lieu dans ce cas, d'après l'axiome, *extinctae res vindicari non possunt* (*Ibid.*, liv. 2, tit. 1er *de rer. divis.*, § 26).

Que si, au contraire, l'emprunteur les a consommées de mauvaise foi, c'est-à-dire, sachant bien qu'il les tenait d'un incapable, le pupille aura contre lui l'action *ad exhibendum* ; pour l'obliger à l'exhibition ou représentation des choses prêtées. Bien qu'en réalité l'emprunteur ait cessé de posséder, il n'en est pas moins fictivement considéré comme possesseur, d'après la maxime du droit : *possidere qui dolo desiit, pro possessore damnatur, quia pro possessione dolus est.* (*L.* 131, ff. *de div. reg. jur. ant.*).

---

* Mynsinger, en son Traité sur les Institutes, pag. 210.

Enfin, si l'emprunteur représente la chose, le pupille exercera l'action en revendication ; s'il ne la représente pas, il sera condamné *in id quod actoris interest si ab initio res exhibita esset. Inst.*, §. 2, *ibid.* — Liv. IV, tit. 17, *de off. jud.*, § 3).

2° *Des paiemens faits au pupille créancier.* — Un pupille ne peut, sans le consentement de son tuteur, ni contracter une obligation, ni dissoudre le lien par lequel d'autres se sont obligés vis-à-vis de lui, *nullam obligationem pupillus sine tutore auctore dissolvere potest.* (*Gaï. Inst. comm.* 2, § 84).

Si en recevant un paiement, le pupille libérait son débiteur, il aliénerait par cela même une créance. Par une déduction logique des règles déjà posées, le débiteur ne pouvait donc être libéré qu'en payant, avec le consentement du tuteur. L'empereur Justinien exigea une nouvelle condition ; il voulut, en effet, que le paiement fût encore autorisé par une sentence du juge, qui devait d'ailleurs être délivrée sans frais (Inst. § 2, *ibid.*). Sans contredit le pupille deviendra propriétaire de la chose qui lui a été donnée par le débiteur, en l'absence même des deux conditions dont nous venons de parler. On sait qu'il n'a pas besoin du consentement de son tuteur pour rendre sa condition meilleure et pour acquérir une propriété que des tiers consentent à lui transférer, *omnes res pupillo et pupillæ sine tutoris auctoritate dari possunt*, dit le même paragraphe ; mais ce paiement n'éteindra pas la créance, le débiteur ne sera pas libéré et il sera condamné à payer une seconde fois, dans tous les cas où le pupille aura fait un mauvais usage des choses qui lui auront été remboursées, *si male consumpserit*, comme dans les cas où il en aura été dépouillé par violence ou par dol, *aut vi, aut furto amiserit*. Par des raisons contraires, le pupille qui aurait été remboursé sans le consentement du tuteur et sans l'ordonnance du juge (d'après Justinien), mais qui aurait encore en son pouvoir les deniers provenant du remboursement ou qui en aurait fait un emploi utile, exciperait vainement de ce que son débiteur l'a remboursé sans le consentement de son tuteur ou du juge ; il serait repoussé s'il réclamait un second paiement, *per exceptionem doli mali*. Quant à la femme qui était en tutelle perpétuelle, ses débiteurs étaient valablement libérés vis-à-vis d'elle par les paiemens qu'ils lui faisaient, même sans le consentement de son tuteur, pourvu toutefois qu'il fût question de choses *nec mancipi*, et que le paiement ne fût pas d'ailleurs simulé. (Gaius, § 85, *ibid.*).

3° *Des paiemens faits par le pupille.* — Celui qui acquitte une dette, aliène la chose qu'il donne en paiement; d'où la conséquence que le pupille ne transportera point à son créancier la propriété de la chose à lui donnée en paiement sans le consentement du tuteur, par respect pour le principe que le pupille ne peut rien aliéner en l'absence de ce consentement; il importe toutefois d'examiner à ce sujet les précisions consignées dans la loi 49, ff. *de reb. cred.*, et 9, § 2, ff. *de auct. tut.*

EXCEPTIONS AU PRINCIPE QUE CELUI QUI N'A PAS LA PROPRIÉTÉ D'UNE CHOSE, NE PEUT L'ALIÉNER.

Il serait facile d'énumérer ici plusieurs exceptions de cette nature. Il suffirait de développer le § 4 du comm. 2 des Instituts de Gaïus; mais les rédacteurs des Instituts de Justinien n'en mentionnent qu'une seule, celle qui était relative au créancier, par rapport *au gage* que lui avait remis le débiteur *in securitatem debiti.*

La remise d'un gage entre les mains d'un créancier ne lui en transfère pas la propriété; il a seulement, lorsque son débiteur n'exécute pas ses engagemens, la faculté de vendre le gage pour se rembourser avec les deniers qui proviennent de la vente (*Inst. liv.* 3, *quib. mod. contr. oblig.*, § 4).

Lorsqu'un créancier fait procéder à cette vente, en exécution d'une convention qui est intervenue à cet égard entre son débiteur et lui, l'aliénation du gage ne saurait être considérée dans ce cas, comme une exception au principe que celui qui n'a pas la propriété d'une chose ne saurait l'aliéner. Gaïus, et après lui Tribonien, font remarquer avec raison que l'aliénation du gage s'opère dans ce cas en vertu du consentement du débiteur (qui reste toujours propriétaire du gage) *volentate debitoris intelligitur pignus alienari, quia ab initio pactus est, ut liceret creditori pignus vendere, si pecunia non solvatur* (Inst., § 1er, *quib. alienare licet, vel non.*)

Peut-on dire encore que cette exception a lieu dans le cas où le créancier n'a pas stipulé l'autorisation de vendre le gage faute de paiement? Cette permission de vente est de la nature du gage (L. 4, ff. *de pignorat. act. vel cont.*) et l'autorisation de vendre résulte dans ce cas du consentement *tacite* du débiteur qui ne se libère pas. N'est-il donc pas plus exact de penser que l'exception n'existe, à proprement parler, que dans le cas où il aurait été stipulé que le créancier serait privé du droit de faire vendre le gage à défaut de paiement? Cette clause, la loi précitée nous l'apprend, ne pouvait arrêter la vente, sauf que le créan-

cier était tenu d'adresser au débiteur un triple avertisse-
ment préalable. Alors, mais alors seulement, l'aliénation
émane d'une personne qui n'a pas la propriété, et s'opère
en l'absence de tout consentement, exprès ou tacite, du
propriétaire, c'est-à-dire du débiteur.

Au reste les formalités à suivre pour la vente du gage
se trouvent énumérées dans la L. 3, Cod. *de Jure domin.
impetr.*

Après cette digression, revenons à notre point de départ,
c'est-à-dire aux attributs que le droit de propriété confère.

Le propriétaire, nous l'avons déjà dit, jouit du droit de disposition, qui peut être absolue comme elle peut n'être que
partielle. Il est le maître, à plus forte raison, de faire subir à
sa propriété de simples démembremens, par exemple en y
établissant au profit d'un autre des droits de superficie, ou en
les grevant de certains autres droits généralement connus sous
le nom de Servitudes.

Les *Servitudes* se divisent en servitudes établies en faveur
des *personnes*, telle que l'usage ou l'usufruit; et en servitudes
établies en faveur des choses, telles que les servitudes rustiques et urbaines. *Servitutes aut personarum sunt, ut usus
et usufructus, aut rerum, ut servitutes rusticorum prae-
diorum et urbanorum*, dit le jurisconsulte Marcien (*L. 1er
ff. de servit.*)

Les servitudes *personnelles* et les servitudes *réelles* sont
soumises à des règles particulières; d'un autre côté elles ont
plusieurs points de contact qui les associent à des principes
communs. Cette simple observation nous a indiqué la méthode que nous avions à suivre pour l'explication de cette
matière, traitée avec tant de soin dans les liv. VII et VIII
du Digeste. Nous la diviserons en trois sections : dans la première section nous parlerons des caractères et des principes
communs à toutes les servitudes en général ; dans la seconde
section, des caractères et des règles propres aux servitudes
réelles, et dans la troisième enfin, des caractères et des règles
propres aux servitudes personnelles, c'est-à-dire, à l'usufruit,
à l'usage et à l'habitation.

Section 1re

*Des caractères et des principes communs aux servitudes
réelles et personnelles.*

Toutes les servitudes sont classées avec raison au nombre
des *choses incorporelles.* Sans doute elles se réalisent, lorsqu'elles sont affirmatives, en des faits qui tombent nécessaire-

ment sous les sens , ou deviennent productives de choses corporelles. Mais leur existence n'en est pas moins purement intellectuelle. (*Inst. de rebus corporal. et incorpor.* § 2).

Le jurisconsulte Pomponius caractérisait avec une grande précision la nature des *servitudes*, lorsque parlant de ces démembremens de la propriété parfaite , il écrivait : *servitutum non ea natura est, ut aliquid faciat quis (veluti viridia tollat aut amœniorem prospectum præstet , aut in hoc ut in suo pingat), sed ut aliquid patiatur aut non faciat.* L. 15 , ff. § 1er *de servitutibus.*

Les servitudes n'imposent donc pas d'obligation active au propriétaire de la chose qui en est grevée ; elles l'obligent seulement ou à s'interdire certains actes, ou à tolérer l'exercice de certains droits de la part d'un autre ; obligation que l'on exprimait comme nous venons de le voir en disant : que toute servitude consistait *in patiendo vel in non faciendo.*

De même que l'homme pouvait être assujeti à un autre homme, les choses (*res*) , pouvaient donc être aussi assujeties (*servire*) à d'autres choses, ou à une personne autre que leur propriétaire. Les servitudes constituaient une aliénation partielle en diminuant la somme des droits du propriétaire de la chose grevée , puisque contrairement au droit commun , il était obligé ou de s'interdire ou de tolérer certains actes dont l'exercice était toujours plus ou moins gênant pour lui.

Toute servitude suppose , ou l'existence de deux propriétés appartenant à des maîtres différens, ou une seule chose appartenant à l'un et grevée en faveur d'un autre. Nul ne peut en effet avoir une servitude sur sa propre chose ; *Nulli res sua servit.* (*L.* 26 , ff. *de servit. urb. præd.*)

Enfin puisqu'elles constituent une dérogation au droit naturel , une restriction des attributs de la propriété , elles ne pouvaient être valablement établies, que lorsque elles avaient pour objet un avantage réel , lorsqu'elles procuraient à une personne ou à un héritage une utilité quelconque , ou tout au moins un agrément ou une commodité. *Quoties nec hominum nec prædiorum servitutes sunt, quia nihil vicinorum interest, non valet : veluti ne per fundum tuum eas , aut ibi consistas.* (*L.* 15 ; *ibid.*).

Section 2^e

Des servitudes réelles.

Nous l'avons déjà indiqué ; les servitudes se divisaient en servitudes établies en faveur des personnes , telles que l'usufruit ou l'usage, et en servitudes établies en faveur des choses

Ces dernières étaient désignés sous le nom de *servitutes præ-diorum*, *jura prædiorum*, mots que nous traduisons par ceux-ci : *servitudes réelles*.

Pour embrasser toute l'économie des textes qui se rapportent à cette espèce de servitudes, nous examinerons 1° les caractères particuliers des servitudes réelles et leurs principales divisions ; 2° les personnes qui pouvaient les établir, les différentes manières dont elles pouvaient être établies et les effets qu'elles produisaient lorsqu'elles étaient régulièrement établies ; 3° et enfin, les différentes manières dont elles s'éteignaient.

ARTICLE 1ᵉʳ

Des caractères particuliers aux servitudes prædiales ou réelles et de leurs principales divisions.

Les jurisconsultes Romains entendaient par le mot *prædium* les choses immobilières, les fonds de terre ou les bâtimens ; on appelait donc servitudes réelles ou prædiales les servitudes qui grevaient une chose immobilière en faveur d'une autre chose immobilière. Celle qui était grevée de la servitude prenait le nom de *fonds servant*, et celle en faveur de laquelle la servitude était établie, le nom de *fonds dominant*.

Toute servitude réelle suppose nécessairement l'existence de deux héritages appartenant à des maîtres différens, d'après la maxime que nous avons déjà posée : *res suâ nemini servit*. Elle diminue l'utilité ou l'agrément de l'un de ces héritages, pour augmenter l'utilité ou l'agrément de l'autre. Il fallait que ces deux héritages ne fussent pas éloignés. Ulpien rappelle ce principe dont le sens était toutefois plus ou moins étendu, suivant la nature et l'objet de chaque servitude. (*L.* 5 § 1ᵉʳ, ff. *de serv. præd.*).

Essentiellement différentes des servitudes personnelles ou des droits de toute espèce conférés à la personne, les servitudes réelles ne grèvent un héritage qu'en faveur d'un autre héritage, abstraction faite de la personne des deux propriétaires ; *fundus fundo servit* (*L.* 12, ff. *commun. præd. tam urb. quam rustic.*). C'est le fonds qui est censé stipuler la servitude par l'organe de son propriétaire. Si le propriétaire du fonds dominant en profite, ce n'est que d'une manière indirecte et par une conséquence nécessaire de son droit de propriété. — Incorporées au fonds dont elles deviennent une qualité active ou passive, les servitudes dont nous parlons, suivent de plein droit ce fonds en quelques mains qu'il passe, et survivent aux mouvemens de la propriété et aux propriétaires eux-mêmes. (*L.* 3, ff. *quemad. servit. amitt.* loi 86, ff. *de verb. significat.*).

La servitude réelle est indivisible. — Cette règle incontestable, lorsqu'il s'agit des servitudes *viæ, itineris, actus, aquæductus*, dont l'exercice ne saurait être scindé (*quorum usus est individuus*) cesse, lorsque des conventions ont déterminé la partie de l'héritage qui serait taxativement grevée de la servitude ou en faveur de laquelle la servitude serait établie. (*L.* 21, ff. *de servit. præd. rustic.*). Elle cesse encore dans tous les cas où l'objet de la servitude est susceptible de division.

Enfin toute servitude réelle qui devait avoir une *cause perpetuelle*, ne pouvait être établie *neque ex tempore, neque ad tempus, neque sub conditione*. Cependant le jurisconsulte Papinien faisait observer que si des modifications de cette nature avaient été ajoutées, celui des contractans qui réclamerait la servitude au mépris de ces conventions serait repoussé par l'exception de dol.

Parmi les différentes divisions des servitudes réelles, celle que les jurisconsultes ont le plus nettement tracée, consiste à distinguer les servitudes établies en faveur du *sol*, des servitudes établies en faveur de la *superficie* : *servitutes prædiorum aliæ in solo, aliæ in superficie consistunt*. Les servitudes établies en faveur du sol prennent le nom de servitudes rustiques, *servitutes prædiorum rusticorum*, tandis que les servitudes établies en faveur de la superficie sont désignées sous la dénomination de servitudes urbaines, *servitutes prædiorum urbanorum*. Les Romains appelaient *prædium urbanum* (en matière de servitudes) tous les édifices sans distinction, quelle que fût leur destination ou leur situation. *Ædificia omnia prædia urbana appellamus, etsi in villa ædificata sint*, disent les rédacteurs des Institutes de Justinien, *tit.* 3, *de servit. præd.* § 1er.

Pour qualifier la servitude on n'avait d'ailleurs égard qu'à la nature du fonds dominant, sans s'occuper de la nature du fonds servant.

En suivant cette division, nous traiterons séparément 1° des servitudes rustiques ou de celles qui étaient établies en faveur des fonds de terre ; 2° des servitudes urbaines ou de celles qui étaient établies en faveur des bâtimens.

I. — *Des servitudes rustiques.* — Les servitudes rustiques mentionnées en première ligne, soit dans la loi 1re ff. *de servit. præd. rustic.*, soit dans le *proémium* du titre précité des Institutes de Justinien sont : *iter, actus, via, aquæductus* ; elles occupent la première place parce qu'elles sont très-probablement les plus anciennes.

Les jurisconsultes Romains entendaient par la servitude désignée sous le nom d'*iter*, le droit accordé aux personnes d'aller et de venir à pied et à cheval, même en litière, pourvu d'ailleurs que les personnes ne conduisissent ni voiture ni bête de somme. *Actus*, comprenait le droit plus étendu pour les personnes d'aller et de venir et de conduire des voitures ou des bêtes de somme, *jus agendi vel jumentum vel vehiculum*. Enfin l'on désignait par *via* un droit complexe qui se composait de la réunion des deux premiers. *Iter et actum via in se continet*.

La servitude d'aqueduc, *aquæductus*, était le droit de conduire de l'eau dans son héritage à travers les héritages voisins, *jus aquæ ducendæ per fundum alienum*.

A ces quatre servitudes rustiques il faut ajouter celles qui sont énumérées dans le § 2, du titre précité des Institutes de Justinien, savoir : *aquæ haustus* ou la faculté de puiser de l'eau à la source d'autrui ; *pecoris ad aquam adpulsus* ou l'abreuvage de nos troupeaux ; *jus pecoris pascendi* ou le pacage de ces troupeaux ; enfin, *calcis coquendæ aut arenæ fodiendæ*.

Il importe de remarquer que les divers droits dont nous venons de parler, ne constituent une servitude réelle qu'autant qu'ils sont établis pour l'utilité d'un héritage (Inst. Just., § 3, *ibid*).

II. — *Des servitudes urbaines ou des servitudes établies en faveur des bâtimens.* — On trouve dans le § 4° du titre précité des Institutes *de servit. præd.*, l'énumération de plusieurs espèces de servitudes urbaines, c'est-à-dire de celles qui sont établies en faveur des bâtimens ou de la superficie *quæ ædificiis inhærent*. Ces servitudes sont : 1° Celle que le texte désigne par ces mots, *ut vicinus onera vicini sustineat* ou servitude *oneris ferendi*, par laquelle le propriétaire de la maison voisine est obligé de supporter les poids de notre maison ;

2° La servitude *tigni immittendi*, qui nous donne le droit d'introduire nos poutres ou nos solives dans le mur du voisin.

3° *Jus stillicidii vel fluminis recipiendi, vel non recipiendi*. La première oblige un voisin à recevoir sur son héritage, *in aream vel in cloacam*, les eaux pluviales qui découlent de la toiture de la maison voisine, soit que ces eaux en découlent goutte à goutte en formant un stillicide (*stillicidium*), soit qu'elles en découlent avec violence (*instar fluminis*).

La seconde consiste dans le droit de ne pas recevoir sur son héritage ces eaux pluviales, dans les lieux où des statuts particuliers dérogatoires au droit commun, obligent les voisins à recevoir respectivement sur leurs propriétés le stillicide des maisons voisines.

4° *Altius non tollendi et altius tollendi.* — L'une suppose que le maître d'un bâtiment a renoncé, dans l'intérêt de la maison voisine, à la faculté d'exhausser ce bâtiment au-delà d'une certaine hauteur; l'autre autorise le propriétaire d'une maison à l'exhausser au delà d'une hauteur donnée au détriment de la maison voisine, dans des lieux où des usages contraires à la liberté naturelle des propriétés, avaient fixé la hauteur que les bâtimens ne pouvaient excéder *.

5° Enfin les servitudes *luminum, ne luminibus officiatur, ne prospectui offendatur, projiciendi et protegendi,* dont nous expliquerons les caractères propres dans nos développemens oraux. (Lois 2 , 4 et 12, ff. *de servit. præd. urb.*).

Article 2.

Des personnes qui avaient le droit d'établir des servitudes, des différentes manières dont elles étaient établies, des effets qu'elles produisaient et des actions qui en étaient la suite.

I. — *Des personnes qui avaient le droit d'établir une servitude.* — La servitude, on le sait, est une aliénation partielle, une restriction sensible des droits que la propriété parfaite confère; elle ne peut donc être valablement établie que par un propriétaire, maître de disposer de ses droits et jouissant du droit intégral de propriété. On trouve des applications de ce principe dans les lois 34 ff. *comm. præd. tam urb. quam rusticor.* 3 , § 5 , ff. *de reb. eor. qui sub. tut.,* et 15 , § *ult.* ff. *de usuf. et quemad.*

II. — *Les servitudes réelles s'établissent de différentes manières;* — 1° Par la volonté du propriétaire (maître de ses droits), manifestée dans des actes ordinaires d'aliénation ou dans des dispositions de dernière volonté ;

2° Par l'usucapion ;

3° Par la sentence du juge, saisi d'une instance en partage d'une hérédité; ou d'une chose commune à plusieurs.

4° Pendant tout le temps que fut admise la distinction des choses *mancipi* et des choses *nec mancipi,* les servi-

* Vinnius fait observer que de semblables usages étaient reçus à Rome et à Constantinople.

tudes rustiques étaient classées au nombre des *res mancipi*,
et les servitudes urbaines au nombre des *res nec mancipi*
(*Ulp. Fragm. tit.* 19 *de domin. et adquis. rer. et Gaï.,
Instit. comm.* 2, § 17). Pour l'établissement des premières on pouvait recourir indistinctement à la *mancipatio*
ou à la *cessio in jure*, tandis que les secondes n'étaient
valablement constituées qu'au moyen de la *cessio in jure*.
Gaïus (*ibid.*, § 29).

Ces règles étaient exclusivement applicables aux servitudes inhérentes à des immeubles dépendant du sol italique;
car, dans les provinces, elles pouvaient être valablement
établies *pactionibus et stipulationibus*, ainsi que l'atteste le
même jurisconsulte dans le § 31, *ibid.* Justinien supprima
et la *mancipatio* et la *cessio in jure*, et désormais dans
l'Italie, comme dans les provinces, il suffisait pour créer
les servitudes rustiques ou urbaines, *pactionibus et stipulationibus id efficere*. (*Just. Instit.*, § 4, *ibid.*).

Quant au droit d'établir des servitudes par des dispositions de dernière volonté, il est explicitement consacré dans
le § 4 du titre précité des Instituts de Justinien.

2° *De l'usucapion appliquée aux servitudes réelles.* —
Pendant plusieurs siècles, l'usucapion fut une des manières
légales d'acquérir une servitude ou d'en affranchir (*non
utendo*) les fonds qui en étaient grevés.

Celui qui voulait usucaper une servitude devait la posséder, c'est-à-dire l'exercer pendant deux ans, comme celui
qui voulait s'en affranchir, devait posséder pendant le même
délai la liberté de son héritage.

Plus tard, une loi connue sous le nom de loi SCRIBONIA, [*]
vint interdire l'acquisition des servitudes par l'usucapion,
*eam usucapionem sustulit lex Scribonia quæ servitutem
constituebat* (L. 4, § 29, ff. *de usurp. et usucap.*), en
laissant néanmoins subsister les effets de l'usucapion relativement à l'extinction des servitudes (*ibid.*). L'exercice
d'une servitude pendant l'espace de deux années, fut dès ce
moment insuffisant pour créer un titre en faveur du possesseur; mais l'interprétation que reçut la loi *Scribonia* ne
s'étendit pas jusqu'à priver de toute efficacité une possession
de *longue durée*, pourvu, d'ailleurs, que cette possession
fût publique, paisible et à titre non précaire, ainsi que l'en-

* Les interprètes sont loin d'être d'accord sur l'époque de la publi-
cation de cette loi. M. Giraud, professeur de Droit à Aix, cite
(dans son Introduction aux Élémens du Droit Romain, par Heinec-
cius, pag. 115) les diverses opinions émises à ce sujet par les
savans.

seignait le jurisconsulte Ulpien (L. 10, ff. *si serv. vind.*).

Telle était la jurisprudence par rapport à l'usucapion des servitudes, lorsque Justinien vint déclarer qu'elles pourraient être acquises de même que la propriété par une possession de dix ans entre présens et de vingt ans entre absens. (L. 12, Cod. *de long. temp. præscrip.*).

3° Enfin le juge saisi de la demande en partage d'une hérédité indivise ou d'une chose commune à plusieurs propriétaires, peut, en fixant les parts de chaque copartageant, assujettir certains héritages à diverses charges, en faveur de certains autres. (L. 22, § 3, ff. *famil. ercisc.* ; l. 7, § 1er, ff. *de commu. divid.*).

III. — *Des effets des servitudes légalement constituées, à l'égard des propriétaires du fonds dominant et du fonds servant, et des actions qu'elles procurent.* — Le texte de la loi 15, § 1er, ff. *de servit.* nous l'a appris : la servitude n'impose au propriétaire du fonds servant aucune obligation active; tolérance et abstention, c'est tout ce qu'elle exige de lui. Cette règle est absolue ; cependant la servitude *oneris ferendi* était considérée à ce sujet d'une manière toute particulière. (Loi 33, ff. *de servit. præd. urban.*).

Les servitudes donnaient lieu à deux actions réelles connues sous le nom d'action confessoire et d'action négatoire.

L'action *confessoire* compétait à celui qui prétendait avoir le droit d'exercer une servitude. L'action *négatoire* était exercée au contraire, par le propriétaire qui soutenait que son fonds était affranchi de toute servitude. (*L.* 2, ff. *si serv. vind. — Liv.* 4. *Just. Inst. tit* 6, *de action.*).

ARTICLE 3.

Des différentes manières dont les servitudes s'éteignent.

Les servitudes réelles s'éteignent :

1° Par la confusion, c'est-à-dire, par la réunion dans les mains du même propriétaire du fonds servant et du fonds dominant.

2° Par la remise expresse ou tacite qu'en fait le propriétaire du fonds dominant, maître de ses droits. Cette remise est *expresse*, lorsqu'elle résulte d'une déclaration formelle émanée du propriétaire et constatant qu'il renonce à la servitude. Elle est *tacite*, lorsque le propriétaire du fonds dominant donne son assentiment à des actes incompatibles avec l'existence de la servitude. *Loi* 8 ff. *ibid.*

3° Par le non usage (*non utendo*) de la part du propriétaire du fonds dominant pendant le laps de deux ans d'après le droit primitif, et de dix ans entre présens ou vingt ans entre absens d'après le droit de Justinien. *Pauli Sent. Lib.* 1, *tit.* 17, *de servit.* § 1ᵉʳ *et L.* 13, *Cod. de servit. et aq.*

Il faut toutefois faire à ce sujet cette distinction entre les servitudes rustiques et les servitudes urbaines, que les premières s'éteignent par le seul défaut d'exercice (*non utendo*) pendant le laps de temps dont nous venons de parler, tandis qu'à l'égard des secondes, le propriétaire du fonds servant doit usucaper la liberté de ce fonds en faisant des actes incompatibles avec la servitude et tolérés, pendant le temps prescrit, par le propriétaire du fonds dominant.

4° Par la perte ou l'altération substantielle du fonds servant ou du fonds dominant. *L.* 20, § 2, ff. *de serv. præd. urb.*

Section 3ᵉ.

De servitudes personnelles.

Nous avons déjà vu dans une des sections précédentes que l'on appelait servitudes *réelles*, *servitutes rerum*, celles qui sont établies sur une chose immobilière en faveur d'une autre chose de même nature. On appelle au contraire *servitutes personarum*, les droits établis sur des choses mobilières ou immobilières en faveur d'une personne.

Nul ne peut avoir de servitude sur sa propre chose; les servitudes personnelles supposent donc nécessairement un objet soumis à certains droits en faveur d'une personne autre que le propriétaire de l'objet.

Comme les servitudes réelles, les servitudes personnelles sont un démembrement de la propriété parfaite. Les secondes, comme les premières obligent un propriétaire à tolérer l'exercice de certains droits. — Les servitudes personnelles en altérant la propriété semblent la diviser en deux élémens que deux personnes se partagent : l'une a pour elle le droit abstrait de propriété, sans avoir le droit d'user ou de jouir, c'est le nu propriétaire; l'autre a le droit d'user et de jouir en même temps ou d'user seulement, sans avoir le droit de propriété, c'est l'usufruitier ou l'usager.

On distinguait dans le droit Romain deux espèces de servitudes personnelles, l'usufruit et l'usage. Nous nous occuperons dans un premier paragraphe de l'usufruit, dans un second paragraphe de l'usage ; dans un troisième paragraphe nous parlerons d'un droit particulier, c'est-à-dire de l'habitation.

§ Ier.

De l'usufruit.

Nous examinerons successivement 1° la nature du droit d'usufruit, les choses sur lesquelles il pouvait être établi, et les diverses espèces d'usufruit ; 2° les personnes qui pouvaient l'établir, les différentes manières dont il pouvait être établi, 3° les droits et les obligations de l'usufruitier, 4° enfin, les causes qui entraînaient l'extinction de l'usufruit.

ARTICLE 1.

De la nature du droit d'usufruit, etc...

L'usufruit, *usufructus* est défini par le *proœmium* du tit. 4, du liv. 2 des Institutes de Justinien *de usa fructu* : *Jus alienis rebus utendi, fruendi, salvâ earum substantiâ.*

Cette définition si exacte empruntée par Tribonien au jurisconsulte Paul, (*L.* 1re ff. *de usuf.*), nous révèle et la nature et l'individualité de ce droit. Elle contient en même temps le germe des principales règles auxquelles il est soumis.

L'usufruit est une servitude, ainsi que vous l'apprend la loi 25 ff. *de verb. signif.* ; il peut être établi indistinctement sur des choses mobilières comme sur des choses immobilières, sur des héritages rustiques comme sur des héritages urbains, enfin, sur des objets dont la possession n'est que de luxe ou de pur agrément, comme sur des objets productifs. (*Loi.* 49, ff. *de usuf. ear. rer. quæ usu. consum.*

L'usufruit n'étant autre chose que le droit *utendi, fruendi, salvâ rerum substantia*, les premiers jurisconsultes en avaient naturellement déduit cette conséquence, qu'il ne pouvait être assis sur des choses qui se consomment par le premier usage qu'on en fait, *quæ usu consumuntur*, telles que le vin, l'huile, le froment, l'argent monnoyé, etc, etc.

Il arrivait cependant que des testateurs léguaient souvent à une personne la nue propriété de choses de cette nature, et à une autre l'usufruit. Par respect pour les volontés des mourans et pour en faciliter d'ailleurs l'exécution, un décret du Sénat vint, sous le règne d'Auguste, valider de semblables dispositions. Ce décret ne permit pas sans doute d'établir sur des choses fongibles un usufruit ordinaire, qui aurait répugné à la raison comme à la loi civile, mais il autorisa, sur les choses fongibles, l'exercice d'un droit analogue à celui d'usufruit, droit qui reçut le nom de *quasi-usufruit.*

L'exercice de ce droit fut d'ailleurs subordonné aux conditions suivantes :

1° On procédait à l'estimation des choses dont l'usufruit avait été légué, et avant d'en obtenir la tradition, qui lui en transférait nécessairement la propriété (car user et jouir de choses fongibles c'est en disposer), le légataire de l'usufruit s'obligeait, lorsqu'il viendrait à mourir ou à éprouver une diminution de tête, de restituer à l'héritier ou au légataire de la nue propriété, le montant de l'estimation qui en avait été faite.

2° Il était tenu de fournir une caution (*satisdare*) pour garantir cette restitution.

Après ce sénatus-consulte, on distingua donc l'usufruit proprement dit, du quasi-usufruit assis sur des choses *quæ usu tolluntur*.

ARTICLE 2.

Des personnes qui pouvaient établir un droit d'usufruit et des différentes manières dont il pouvait être établi.

La plupart des règles que nous avons tracées en parlant des personnes capables de constituer des servitudes réelles et des différentes manières dont on les constituait, étaient applicables à l'usufruit, qui fut cependant soumis à quelques principes particuliers dont nous allons présenter une analyse rapide.

1° Si quelques servitudes réelles pouvaient être constituées par la mancipation, il n'en était pas ainsi de l'usufruit qui n'était susceptible que de la *cessio in jure*, ainsi que l'atteste le jurisconsulte Gaius dans le comm. 2 de ses Institutes, § 30. Il ne faut pas cependant donner à cette proposition un sens trop absolu ; car, ajoute Gaius,.... *etiam per mancipationem constitui (potest) eo quod in mancipanda proprietate detrahi potest; non enim ipse ususfructus mancipatur, sed cum in mancipandâ proprietate deducatur, eo fit ut apud alium ususfructus, apud alium proprietas sit (ibid. § 33).*

2° L'usufruit, à la différence des servitudes réelles, se trouvait quelquefois établi en faveur de certaines personnes, en l'absence de toute stipulation et de toute *cessio in jure*, par la seule force des lois. Ainsi nous avons déjà vu, qu'en adjugeant aux fils de famille la propriété de certains biens qui composaient leur pécule adventice, les constitutions de Constantin et de ses successeurs en réservèrent généralement l'usufruit aux ascendans.

3° En constituant l'usufruit par des actes de dernière volonté, les testateurs étaient dans l'usage de faire certaines précisions auxquelles le langage reçu dans la jurisprudence attribuait une grande importance. On en trouve la preuve dans le texte du § 1er des Institutes de Justinien. *Ibid.*

ARTICLE 3.

Des droits et des obligations de l'usufruitier.

I. — *Des droits de l'usufruitier.* — L'usufruit est, d'après son étymologie naturelle, un droit complexe qui se compose de deux droits bien distincts : d'abord, celui d'user, *utendi*, et celui de jouir, *fruendi*; *usufructus est jus utendi, fruendi* (*Just. Inst.*, lib. 2, tit. 4, *de usufr. ad proem.*).

Cette première observation suffit pour déterminer l'étendue des droits de l'usufruitier. Il a d'abord le droit d'user de la chose, *utendi*, et en second lieu, le droit encore plus précieux d'en jouir *jus fruendi*, c'est-à-dire de percevoir tous les revenus, tous les fruits qui en proviennent, quelle que soit d'ailleurs leur espèce et leur quotité, et d'en retirer toute l'utilité, tout l'agrément qu'elle est susceptible de procurer.

Si le sein des terres soumises à l'usufruit récèle des veines de marbre, des carrières de pierre ou des mines de métaux, quelque précieux que soient d'ailleurs ces métaux, il aura le droit d'en faire des extractions, mais toujours modérément.

Toutefois c'est un principe consacré par plusieurs textes, que l'usufruitier ne fait siens les fruits naturels ou industriels, que par la *perception*; il ne peut donc élever aucune prétention à l'égard des fruits pendans par branche ou par racine au moment où l'usufruit expire, puisque ces fruits même parvenus à leur maturité, sont considérés comme une partie intégrante du fonds qui les porte, et appartiennent, par cela même, au maître de la propriété; *is ad quem ususfructus fundi pertinet, non aliter dominus fructuum efficitur quam si ipse eos perceperit.*

Quant aux revenus provenant, par exemple, du loyer des esclaves ou des bâtimens, l'usufruitier les acquérait jour par jour (L. 26, ff. *de usuf.*, et L. 9, § 1er, ff. *de locat.*).

Au reste l'usufruitier n'est pas obligé de jouir par lui-même, car il lui est loisible de jouir par le ministère d'un tiers, en louant (*locando*) les objets soumis à l'usufruit. Il peut aussi transporter sur la tête d'un autre, à titre de vente, de cession, de donation ou de toute autre manière, l'exercice de son droit. Ce principe n'a rien de contraire à la nature de l'usufruit que nous avons dit être inhérent à la personne, car nonobstant le transport fait par l'usufruitier de *l'exercice* de son droit à un autre, le droit d'usufruit n'en continue pas moins de rester toujours attaché à sa personne, pour s'éteindre avec elle.

II. — *Des obligations de l'usufruitier.* — Si les droits de l'usufruitier sont étendus, en retour de graves obligations lui sont imposées, les unes avant son entrée en jouissance, les autres pendant la durée de cette jouissance, les dernières au moment où cette jouissance expire. C'est l'ordre dans lequel nous allons les présenter.

1° *Des obligations imposées à l'usufruitier avant d'entrer en jouissance.* — En parlant des diverses espèces d'usufruit, nous avons vu qu'à l'égard du *quasi-usufruit* autorisé par le sénatus-consulte qui fut promulgué sous le règne d'Auguste, le légataire de l'usufruit s'engageait, en fournissant des fidéjusseurs, à opérer en faveur des légataires de la nue propriété, la restitution de la valeur de la chose sur laquelle son droit était assis. Dans l'usufruit ordinaire, (c'est-à-dire établi sur des choses autres que celles *quæ usu tolluntur*), le Préteur voulant donner aux légataires de la nue propriété toute espèce de sûreté, les autorisa à stipuler de l'usufruitier, 1° qu'il jouirait en bon père de famille, *usurum se boni viri arbitratu;* 2° qu'à la fin de l'usufruit, il restituerait tout ce qui resterait de la chose soumise à son droit, *et restituturam quod inde extabit* (*L.* 1, *ad proem.*, ff. *usufruct. quemadm. cav.*).

Une semblable stipulation reposait donc sur deux motifs qui pouvaient se réaliser à des époques différentes, ce qui faisait dire à Ulpien : *Habet autem stipulatio ista duas causas ; unam, si aliter quis utatur, quam vir bonus arbitrabitur ; aliam de usufructu restituendo: quarum prior statim committetur, quam aliter fuerit usus, et sæpius committetur ; sequens committetur, finito usufructu* (*ibid.*, § 6).

Le même jurisconsulte donnait, d'ailleurs, un conseil fort sage au légataire de l'usufruit et à l'héritier de la nue propriété, lorsqu'il écrivait : *Rectè autem facient et hæres et legatarius, qualis res sit, cum frui incipit legatarius, si in testatum redegerint, ut inde possit apparere, an, et quatenus rem pejorem legatarius fecerit* (*L.* 4, *ibid.*).

2° *Des obligations imposées à l'usufruitier pendant la durée de sa jouissance.* — L'usufruitier s'engage, comme nous venons de le voir, à jouir *viri boni arbitratu.* Aussi les rédacteurs des Institutes ont posé, en se servant d'expressions analogues, la règle qui renferme toute l'étendue de ses obligations (développées d'ailleurs dans le titre du Digeste *de usuf. et quemad. quis utat. fruat*) lorsqu'ils ont dit de lui : *rectè colere et tamquam bonus pater familias uti debet.* (*Instit. de rer. divisione*, §. 36).

3° *Des obligations de l'usufruitier à l'expiration de la jouissance.* — On connaît les obligations imposées au légataire du quasi-usufruit des choses qui se consomment par le premier usage *quæ usu tolluntur*. Placé dans l'impuissance de restituer la chose qu'il a reçue, puisque l'usage l'a nécessairement absorbée, il est obligé d'en rendre l'estimation.

Dans l'usufruit proprement dit, l'usufruitier dont la jouissance a dû laisser intacte la substance de la chose grevée de son droit, est tenu à l'expiration de son usufruit et en vertu du deuxième chef de la stipulation dont nous avons déjà parlé, de restituer au nu propriétaire toute cette substance ou tout au moins la partie qui en restera, *quod indè extabit*.

ARTICLE 4 ET DERNIER.

De l'extinction de l'usufruit.

Séparée trop long-temps de la faculté d'user et de jouir, la nue propriété ne constituerait plus qu'un droit abstrait et presque toujours stérile. Il fallait donc ne pas permettre que l'usufruit en restât trop long-temps détaché (*ne inutiles in æternum essent proprietates semper abscedente usufructu*), et déterminer en même temps les causes qui le réuniraient de nouveau à la nue propriété et conféreraient au propriétaire la plénitude de ses droits, *plenam in re potestatem*.

De l'ensemble des lois du titre du Digeste *quib. mod. usuf. et us. amitt.*, du titre 6, du liv. 3 des Sentences de Paul et du § 3 de notre titre aux Institutes de Justinien, il faut conclure que l'usufruit s'éteignait ou finissait par les causes suivantes :

1° Par la mort naturelle ou par une diminution de tête quelconque de l'usufruitier. (*Pauli sent. ibid.* § 29). — L'empereur Justinien enleva toutefois cet effet à la plus petite diminution de tête, ainsi qu'il nous l'apprend dans le § 3 du titre précité.

2° Par la perte de la substance de la chose soumise à l'usufruit (*usufructus est jus in corpore, quo sublato ipsum tolli necesse est*, *Inst. ibid. ad proem.*), avec cette précision, qu'en matière d'usufruit *la forme* de la chose constituait sa *substance* par application de la maxime : *forma dat esse rei*.

3° Par la résolution du droit de celui qui avait établi l'usufruit (*L. 16, ff. ibid.*), et par l'expiration du temps pour lequel il avait été constitué. (*Paul sent. ibid.* § 3).

4° *Non utendo per modum et tempus*, par le non exercice de l'usufruit selon le mode déterminé dans l'acte de constitution (*non utendo per modum*), prolongé pendant le temps prescrit (*non utendo per tempus*) c'est-à-dire, d'après le droit ancien, pendant le délai de deux ans pour les choses immo-

bilières, d'un an pour les choses mobilières (*Paul sent.*
§ 30, *ibid.*) et d'après le droit de Justinien, pendant le
délai qu'il fixa pour la prescription *longi temporis*.

5° Par la réunion sur la même tête du titre d'usufruitier
et de propriétaire, soit que l'usufruitier ait cédé *in jure* son
droit au nu propriétaire, soit qu'au contraire l'usufruitier
ait acquis la nue propriété, acquisition désignée dans les
textes sous le nom de *consolidation*; *quæ res consolidatio
appellatur.* (*Just. Inst.* § 3, *ibid.*).

Faite par l'usufruitier en faveur du nu-propriétaire, la
cessio in jure de l'usufruit produit son extinction, en ce
sens que l'usufruit fait retour à la nue propriété, tandis que
consentie en faveur d'un autre que le nu propriétaire, cette
cession n'en laisse pas moins résider l'usufruit sur la tête de
l'usufruitier ; *creditur enim eâ cessione nihil agi*, dit le
jurisconsulte Gaius dans ses Inst. *Com.* 2 § 30.

Nous en avons fait l'observation au commencement de ce
paragraphe. L'usufruit qui s'éteint, se réunit de nouveau à la
nue propriété dont il avait été temporairement disjoint.
Mais ce principe n'est exact que lorsque l'usufruit s'éteint en
totalité ; car si son extinction n'est que partielle, ce qui se
réalise dans le cas où un legs d'usufruit a été fait conjointe-
ment en faveur de plusieurs personnes, la portion d'usufruit
des légataires qui viendront à mourir ou à éprouver une diminution de tête de nature à les priver de leurs droits, s'ad-
joindra par accroissement à la portion des co-légataires survivans, pour ne faire retour à la nue propriété qu'après la
mort ou la diminution de tête du dernier survivant de ces
co-légataires. Tel est le sens de ces mots qu'on lit dans le dernier § du titre précité des Institutes de Justinien : *Quem
autem finitus fuerit rerum usufructus, revertitur scilicet
ad proprietatem.*

Cette maxime est développée dans un titre spécial du
Digeste, *de usufructu adcrescendo.*

§ 2.

De l'usage.

L'usufruit, nous venons de le voir dans le § précédent,
se compose de la réunion de deux élémens distincts, *usus*,
ou le droit d'user, et *fructus*, ou le droit de jouir, c'est-à-
dire, le droit de percevoir tous les fruits sans distinction,
*quidquid in fundo nascitur, quidquid inde percipi potest,
ipsius fructus est.* (L. 9, ad prœm., ff. de usuf. et quemad.)

Le second de ces élémens n'est jamais séparé du premier,
le droit de jouir entraîne et comporte implicitement avec
lui celui d'user ; *fructus sine usu esse non potest.* Le droit

d'user au contraire est souvent détaché du droit de jouir ; *usus sine fructu esse potest.* (*L.* 14 , § 1er ff. *de usu et habit.*) Il n'est plus alors que *nudus usus* et constitue sous ce titre une servitude particulière qui est inhérente à la personne comme l'usufruit , mais dont les effets sont beaucoup moins étendus ; *minus juris est in usu quam in usufructu,* dit Tribonien dans le § 1er du tit. 5 , *Inst. de usu et habit.*

Il importe d'examiner les divers droits que conférait cette nouvelle espèce de servitude par rapport aux divers objets sur lesquels elle pouvait être établie. — Parcourons successivement ces objets.

1° *Du droit d'usage sur la personne d'un esclave.* — Celui auquel a été légué l'usage d'un esclave profite personnellement des services et de l'industrie de cet esclave , *ipse tantum et operâ ejus et ministerio uti potest* ; mais il lui est défendu de louer (*locare*) *operas servi* et de céder ainsi l'exercice du droit d'usage à un autre. C'est en effet , un principe général en cette matière , que l'usager bien moins favorisé que l'usufruitier est tenu d'user par lui-même et ne peut comme ce dernier , ni louer , ni vendre , ni céder à titre gratuit ou onéreux , l'utilité du droit d'usage (*Inst.* § 1er *ibid.*). — L'usage des animaux considérés individuellement est à-peu-près régi par les mêmes principes.

2° *Du droit d'usage sur un troupeau.* — L'usufruitier d'un troupeau profite de tout l'émolument que le troupeau procure , du croît comme du laitage , du laitage comme de la toison , tandis que l'usager privé de tous ces avantages est réduit à prendre un peu de lait et à user de ce troupeau *ad stercorandum agrum. L.* 12 , § 2 , ff. *de usu et habit. Just. Inst. ibid.* § 4.

3° *De l'usage des bâtimens.* — Tous les droits de l'usager d'une maison consistent à habiter cette maison par lui-même , sans pouvoir la louer à un autre. Ils sont si restreints, que les jurisconsultes s'étaient demandés si l'époux pourrait y habiter avec son conjoint , le père avec ses enfans , le patron avec ses affranchis , le maître avec ses esclaves et les autres personnes de son service ; si l'ami pouvait y recevoir un hôte. La question fut résolue d'une manière affirmative , mais on voit que cette solution doit être attribuée , plutôt à une doctrine bienveillante pour l'usager , qu'à un droit rigoureux ; *vix receptum esse videtur* , disent les rédacteurs des Institutes de Justinien § 2 , *ibid.*

4° *Du droit d'usage sur un fonds de terre.* — Lorsqu'un testateur a légué l'usage d'un fonds de terre , *usum fundi* (et on remarque que les jurisconsultes dont les opinions ont été converties en lois supposent généralement, dans le titre du Digeste *de usu et habit.,* que le droit d'usage a été établi par un legs), ce legs produira sans doute des effets moins étendus que le legs d'usufruit ; mais quels effets produira-t-il ? Telle est la question à résoudre. — Interrogeons les jurisconsultes.

Labéon accordait à l'usager le droit d'habiter sur ce fonds et d'empêcher (ce que Gaius contestait) le propriétaire d'y venir, sauf toutefois la faculté qu'avait le colon de se livrer aux travaux de la culture. — Le même jurisconsulte lui accordait encore la faculté d'user de la *cella vinaria et olearia* et de s'opposer en même temps à ce que le propriétaire en fît aucun usage. — Paul l'autorisait à prendre sur le fonds les fruits qui lui étaient nécessaires, *in annum dumtaxat.*

5° *Du droit d'usager et villæ et prætorii.* — Ulpien accordait à celui qui avait un droit d'usage sur des objets de cette nature, *plenam usum* ; il jouissait d'après lui et du droit d'habitation et du droit *deambulandi et gestandi*, sans qu'il lui fût cependant permis d'empêcher le propriétaire d'y venir et d'y résider pour la culture et la récolte des fruits. D'après Sabinus et Cassius il pouvait encore prendre du bois, user des jardins, des fruits, des fleurs et des eaux pour ses besoins de tous les jours ; *non usque ad compendium*, dit le texte, *sed ad usum, scilicet non usque ad abusum.*

Nerva ajoutait à ces droits celui d'user *stramentis etiam*, mais il lui refusait la faculté de prendre des feuillages, des huiles, des fruits et des moissons. Cette dernière opinion était combattue par Sabinus et Cassius, par Labéon et Proculus qui permettaient à l'usager de prendre sur les produits du fonds et sur les objets à l'égard desquels Nerva lui refusait toute espèce de droits, ce qui lui était nécessaire pour sa nourriture et celle de siens.

Enfin le jurisconsulte Labentius, posant des théories encore plus favorables à l'usager, l'autorisait à exercer le droit d'usage, *etiam cum convivis et hospitibus.* Son opinion était partagée par le jurisconsulte Ulpien, qui se fondait sur la considération suivante : *aliquando enim largiùs cum usuario agendum, pro dignitate ejus, cui relictus est usus* (Loi 12, § 1er et siv., ff. *de usu et habit.*).

De ces doctrines il faut nécessairement induire que l'usage n'attribuait de sa nature aucun droit aux fruits, et que si les jurisconsultes dont nous venons de parler et de reproduire les opinions *, accordaient aux usagers d'en prendre

* M. Ducaurroy (*Inst. expliq.*, tom. 2, page 356 et 357), résume en quelques mots ces diverses opinions, sans préciser les espèces particulières dans lesquelles les jurisconsultes les ont émises. Cette précision nous a paru indispensable.

modérément et jusqu'à concurrence de leurs besoins quotidiens, c'était moins en vertu d'un principe exact et uniforme, que par respect pour les dernières volontés des mourans, dont l'interprétation doit toujours être large, et quelquefois par égard pour la condition et la dignité de l'usager, ainsi que nous l'a appris le jurisconsulte Ulpien dans la loi précitée.

Nous ferons remarquer, en terminant l'exposé de ces règles sommaires relatives au droit d'usage, que sauf quelques exceptions, il se constituait et s'éteignait de même que l'usufruit (*Just. Inst. de usu et habit. ad proem.*).

§ 3.

De l'habitation.

Le droit d'habiter dans une maison appartenant à autrui, constituait une servitude distincte du droit d'usufruit d'une maison ; il n'était même pas confondu avec le droit d'usage d'une maison, bien qu'en réalité il produisit à-peu-près les mêmes effets, ainsi que le reconnaissaient Ulpien et Papinien (L. 10, ff. *de usu et habit.*). — On doutait si celui en faveur duquel le droit d'habitation avait été constitué, pouvait louer la maison à un autre. Justinien nous apprend (*Instit.* § 5, *ibid.*) que par une décision bienveillante, *humaniore sententiâ*, il lui accorda cette faculté.

Le droit d'habitation se constituait et s'éteignait à-peu-près comme le droit d'usage, avec cette précision, toutefois qu'il ne s'éteignait ni par aucune diminution de tête, ni par le défaut d'exercice, *parce qu'il consistait plus en fait qu'en droit.*

ERRATA

—

Page 21, après la 7e ligne, ajoutez : Il n'en est pas ainsi en matière de successions légitimes déférées aux Agnats. — Le plus proche en degré exclut celui qui est plus éloigné.

Page 29, ligne 51, lisez : A défaut d'héritiers siens et d'agnats.

Page 65, ligne 9 et 10, lisez : La propriété de la chose donnée était transférée sur la tête du donataire sans le secours, etc.

Page 68, ligne 29, lisez : Ce prince jaloux de rallier autour de lui les fils de famille qui se consacraient au service des armes, leur attribua la propriété de leur pécule castrans, etc., etc.

Page 76, ligne 15, lisez : Il n'est donc pas obligé d'attendre l'expiration du terme accordé, etc.

—